DIE M

Text

TEPILIT OLE SAITOTI

Photographien

CAROL BECKWITH

ASSAI

DUMONT BUCHVERLAG KÖLN

CIP-Kurztitelaufnahme der Deutschen Bibliothek

Saitoti, Tepilit Ole:
Die Massai: Übers. aus d. Engl./Text
Tepilit Ole Saitoti, Photogr. Carol Beckwith. –
Dt. Erstveröff. – Köln, DuMont: 1981.
Einheitssacht.: Die Massai ⟨dt.⟩
ISBN 3-7701-1267-9

NE: Beckwith, Carol:

Zeichnungen: CAROL BECKWITH

Gestaltung: JOHN S. LYNCH

Übersetzung aus dem Englischen
Titel der Originalausgabe: ›Maasai‹

Printed and bound in Japan ISBN 3-7701-1267-9

Dieses Buch
ist den Kindern der Massai
gewidmet

»In meinem ganzen Leben war ich stets anständig und tapfer, in Taten wie in Worten, und dies erfüllt mich mit Zufriedenheit. Ich hoffe, daß meine Kinder einmal das gleiche von sich sagen können.« In Erinnerung an diese Worte, die uns ein sterbender Massai-Älterer sagte, haben wir versucht, einige der einzigartigen Sitten und Traditionen der Massai so aufzuzeichnen, wie sie heute noch existieren. Indem wir die Schönheit und Größe dieser Kultur darstellen, können wir vielleicht einen Beitrag zu ihrem künftigen Überleben leisten.

Tepilit Ole Saitoti
Carol Beckwith

INHALT

Massai: Land und Menschen

Endlos erstreckt sich die Savanne
Darüber türmt sich der Himmel
Wolken mit Adlerflügeln künden von Blitz und Donner
Junge Massai laufen umher, wie wohlgenährte Kälber
Frauen, wie immer geschäftig vor dem Regen
Die Alten schauen nach der fliehenden Sonne
Vieh auf dem Heimzug, wachende Krieger –
Nach vollbrachtem Tagewerk hoffen die Hirten auf
viele goldene Morgen.

Am Rande des ostafrikanischen Great Rift Valley, unweit der Grenze zwischen Kenia und Tansania, erhebt sich ein Berg, den die Massai *Oldoinyo le Engai,* den »Berg Gottes«, nennen. Er ragt empor wie eine Kerze, ein göttliches Geschenk, in dessen Schatten die Massai ihre Andacht halten und um Vieh und Kinder beten. In seinem rollenden Donner und seinen flammenden Blitzen offenbart sich die Macht Gottes, des *Engai,* den man dort wohnen glaubt und dem man makellose Lämmer als Opfer darbringt.

Als junger Massai hörte ich oft eine Legende, nach der *Engai* einst drei Söhne sein eigen nannte, die er mit drei Geschenken bedachte. Der erste Sohn erhielt einen Speer, um seinen Lebensunterhalt als Jäger zu bestreiten, der zweite eine Hacke, um das Land zu bearbeiten und der dritte einen Stock zum Hüten des Viehs. Dieser dritte Sohn, *Natero Kop* genannt, gilt als Urvater der Massai, die seit jener Zeit stolze Besitzer großer Viehherden sind, im Schutze des Lengai-Berges unzählige Sonnenaufgänge und feurige Abenddämmerungen erlebt haben und ihre Rinder hüten, die auf der goldenen Savanne grasen. Einem Storch gleich manchmal auf einem Bein stehend, wacht der Hirte und läßt die Zeit verrinnen.

Die Massai sind ein Volk von Rinderzüchtern, das in Kenia und Tansania im Gebiet des ostafrikanischen Great Rift Valley lebt. In der Überzeugung, daß alle Rinder dieser Erde eigentlich ihr Eigentum seien, unternehmen sie noch immer gelegentliche Raubzüge, um das Vieh anderer Stämme zurückzuerobern, das diese ihnen angeblich vor langer Zeit raubten. Die enge Bindung der Massai an ihr Vieh hat zu einer halbnomadischen Lebensweise geführt, in der die Suche nach Weiden und Wasser vom Rhythmus der Jahreszeiten bestimmt wird.

Norman Leys, einer der ersten Europäer, der das Gebiet der Massai bereiste, schrieb über sie in seinem Buch »*Kenya*« (1925): »Mit ihrem schlanken Körperbau, ihren schmalen Hüften und Schultern und ihren wohlgeformten Gliedern und Muskeln gehören sie zu den schönsten Menschen dieser Erde.« Es gibt heute etwa 300 000 bis 400 000 Massai; es ist allerdings sehr schwierig, eine genaue Zahl zu nennen, da sich die Massai äußerst ungern zählen lassen und sich bei statistischen Erhebungen verbergen oder falsche Angaben über die Zahl ihrer Frauen und Kinder machen. Die Massai sind heute im Wachstum begriffen, doch verzeichnen die anderen Stämme Kenias und Tansanias höhere Geburtenraten. Das stolze Volk der Massai steht in einem ständigen Kampf um die Behauptung seiner Kultur gegen den drängenden Einfluß der modernen Welt.

Das Wort *Massai* bedeutet wörtlich übersetzt »Sprecher der *Maa*-Sprache«. Es gibt zwei verschiedene Gruppen, die sich dieser Sprache bedienen: die Halbnomaden, denen die eigentlichen Massai und die *Samburu* angehören, und die seßhaften Bodenbauern, zu denen die *Baraguyu* oder *Ilumbwa,* die *Wa-Arusha* und die *Njemps* zählen. Die eigentlichen Massai blicken gewöhnlich mit Verachtung auf die seßhaften Stämme herab, die ihrer Auffassung nach

links: *Gedankenverloren rastet ein Massai-Älterer im Kraal seiner Familie*

der traditionellen Massai-Lebensweise abtrünnig geworden sind.

Das Land der Massai ist in zwölf Stammesgebiete aufgeteilt: Man unterscheidet *Ilkisongo, Ilpurko, Iloitai, Ilmatapato, Iloodokilani, Ilkeekonyokie, Ilkaputiei, Ildamat, Ilsiria, Ilwuasinkishu, Ildalalekutuk* und *Ilaitayiok*. Den größten Raum nehmen die *Ilkisongo* in Tansania ein, den zweitgrößten die *Ilpurko* in Kenia. Zwischen einigen dieser Stämme bestehen Grenzstreitigkeiten, die anderen aber leben in Frieden miteinander, denn im allgemeinen ist die Größe eines Gebietes der Zahl der dort lebenden Massai angepaßt. Die Bewohner eines bestimmten Stammesgebietes können irgendeinem der fünf Massai-Clans angehören, den Verwandtschaftsgruppen, die im folgenden noch näher beschrieben werden. Jeder Stamm hat außer seinem Land seinen eigenen Namen, seinen Dialekt, seine charakteristischen Zeremonien, seine spezifischen Haus- und Kraalbau-Methoden und seine eigenen politischen Autoritäten.

Auch Stil und Farben von Kleidung und Schmuck unterscheiden sich von Stamm zu Stamm. Die *Ilkisongo* z. B. bevorzugen in ihrem Perlenschmuck dunkelrote und dunkelblaue Farbtöne, die *Ilpurko* orangefarbene und hellblaue. Die Krieger der *Ilkisongo* tragen eine bis über die Knie reichende Toga, die Krieger der *Ilpurko* hingegen bevorzugen wie die meisten kenianischen Stämme ein sehr kurzes Gewand, das die Schönheit ihrer Körper herausstellen soll. Sie verspotten die Kleidung der *Ilkisongo:* »Mit so einer langen Toga wird ein Krieger im Kampf oder auf der Jagd hinfallen.« Die *Ilkisongo* setzen dagegen: »Ihr habt kein Schamgefühl. Ihr lauft nackt herum wie die Kühe.« In allen Stämmen bemalen sich Männer und Frauen mit Ockerfarben, hergestellt aus einem roten pulverisierten Mineral, das mit Tierfett oder Wasser vermischt wird; einige Stämme bevorzugen dabei rotbraunes Ocker, andere dunkelrotes. Manche, so vor allem die *Ilkisongo,* verabscheuen tiefrotes Ocker. Sie meinen: »Diese Farbe ähnelt Blut.«

Unterschiede bestehen auch zwischen den tansanischen und den kenianischen Massai. Die tansanischen Stämme hatten weniger Kontakt mit der modernen Welt und leben darum traditionsverbundener als ihre kenianischen Nachbarn, die einem stärkeren Einfluß der städtischen Zentren ausgesetzt sind. So verwenden z. B. die Stämme in Kenia ihre traditionellen Ledergewänder nur noch bei feierlichen Anlässen, ansonsten tragen sie grellbunte Fabrikware. Bei ihren tansanischen Nachbarn und ganz besonders bei deren Frauen gehört die Ledertracht dagegen noch zum Alltag. Den Massai in Tansania schreibt man gewöhnlich eine ruhigere und bedächtigere Gemütsart zu als ihren Verwandten in Kenia. Im Krieg bevorzugen sie eine langsame, dafür aber sichere Vorgehensweise, und manchmal erleiden sie Niederlagen, weil sie allzusehr auf Sicherheit bedacht sind. Die kenianischen Stämme dagegen handeln nach der Devise Angriff ist die beste Verteidigung, und sie wiederum verlieren manchen Kampf, weil sie sich oft allzu waghalsig in eine

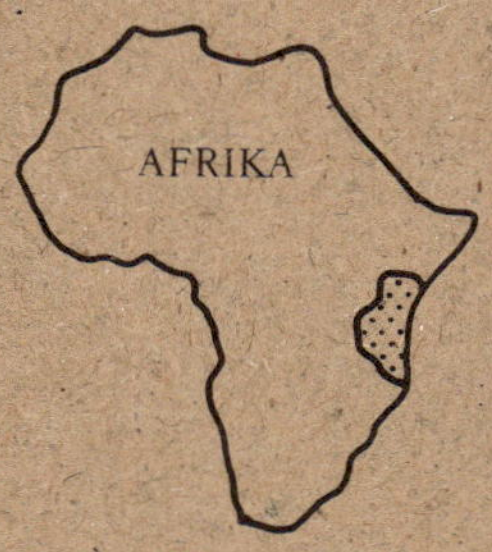

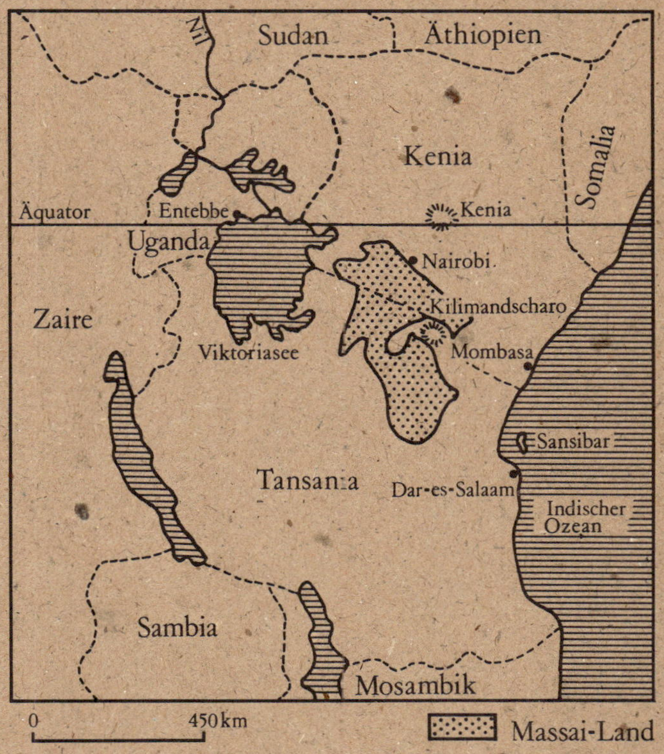

oben: *die Lage von Kenia und Tansania in Afrika*

rechts: *die Ausdehnung des Massai-Landes in Kenia und Tansania*

unten: *die Stammesgebiete im Massai-Land*

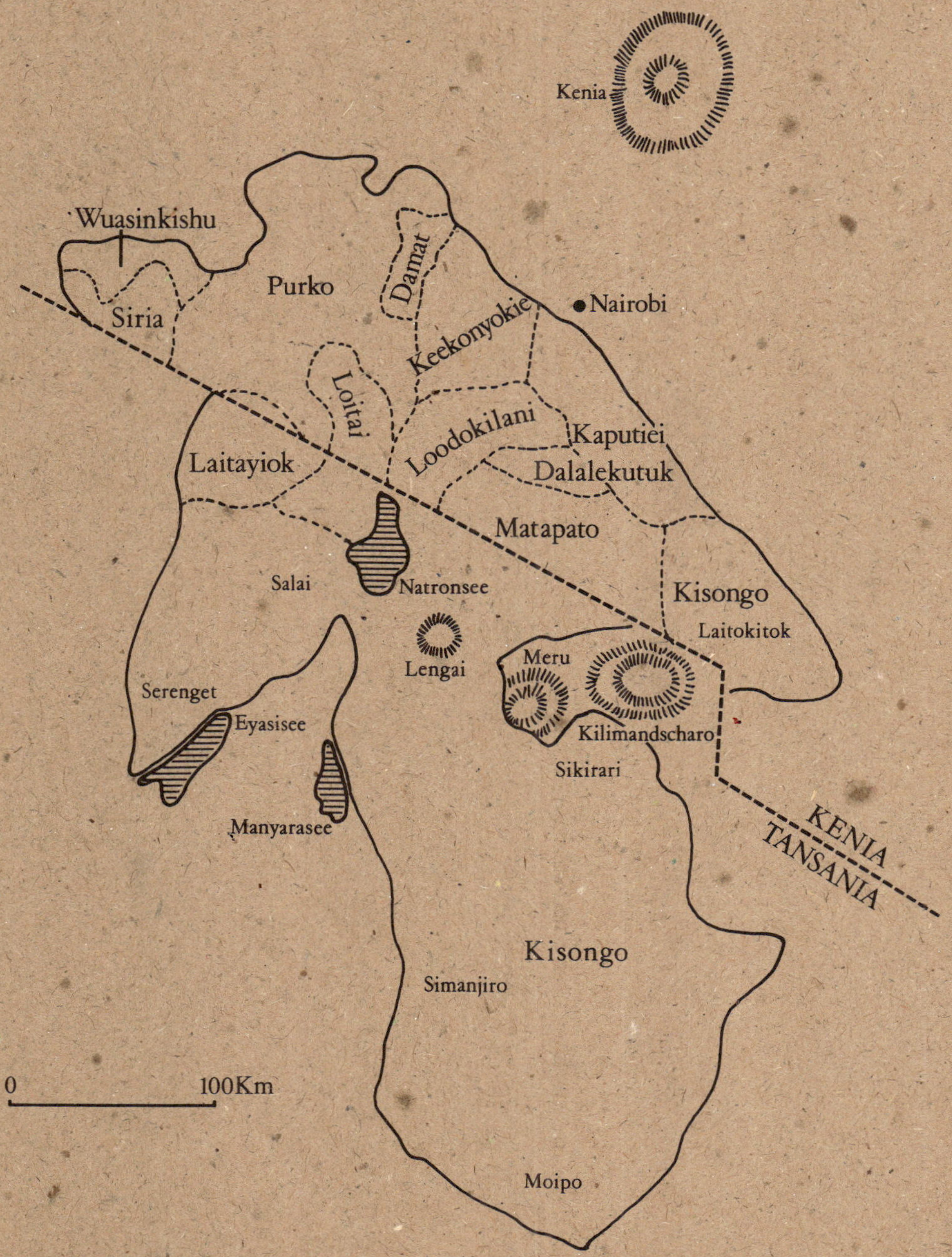

ungewisse Situation hineinstürzen. So sind sie imstande, im Eifer des Gefechtes all ihre Speere gegen den Feind zu schleudern; übersteht der Gegner aber einen solch konzentrierten Angriff, stehen sie ihm ohne Waffen gegenüber. Dann ertönt der Ruf *Entomito ilmoran tooengejek,* »Ihr Krieger, rettet euch mit euren Füßen!«, und hastig wird der Rückzug angetreten.

Ursprung und Geschichte der Massai verlieren sich im Mythos und im Dunkel. Man zählt die Massai zu den *Hamito-Niloten,* einer Völkergruppe, die der Mischung von Niloten aus dem südwestlichen Nilgebiet mit nordostafrikanischen Hamiten entstammt. Die Bekleidung der Massai ähnelt in gewissen Zügen der der alten Römer, die einst Nordafrika besetzt hielten. So erinnert das Massai-Schwert an das römische Kurzschwert, die Frisur der Krieger ahmt die Form des römischen Helms nach, und Toga und Sandalen ähneln ebenfalls römischen Vorbildern. Sprachlich stehen die Massai den *Bari* im Sudan am nächsten. Mit anderen nilotischen Völkern teilen sie verschiedene Bräuche, so das Scheren des Kopfes der Frau, das Entfernen der unteren Schneidezähne, das Stehen auf einem Bein beim Wachehalten und die Verwendung von Speichel bei Segnungen. Hamitischen Ursprungs sind die Beschneidung der Knaben und die Entfernung der Klitoris bei jungen Mädchen als Teil der Initiation (Reifefeiern), das Altersklassensystem, die Abscheu vor dem Verzehr von Fisch sowie die Verachtung des Berufsstandes der Schmiede. Die hamitischen *Nuer* im Sudan sind übrigens ebenso wie die Massai der Überzeugung, die einzigen rechtmäßigen Besitzer aller Rinder dieser Erde zu sein.

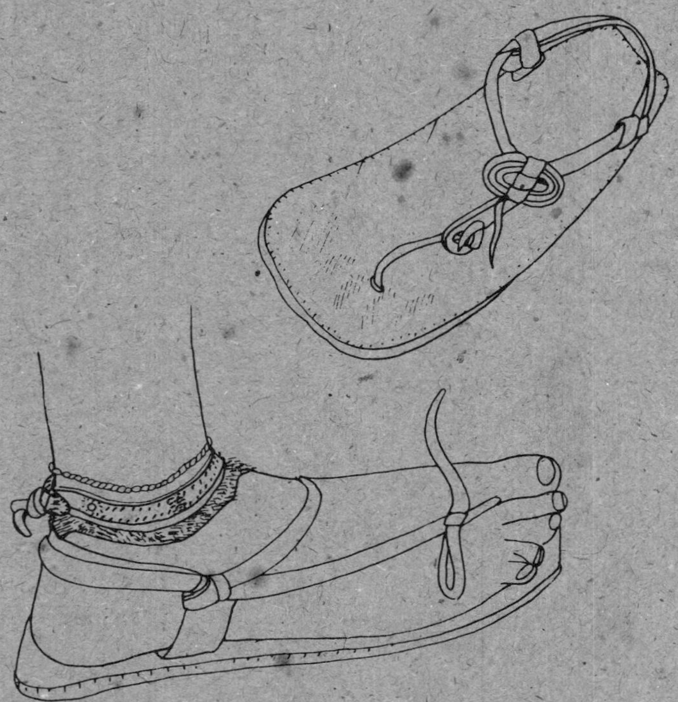

Es wird vermutet, daß die Massai einst von Norden, dem Lauf des Nil folgend, nach Ostafrika einwanderten und etwa im 15. Jahrhundert das Gebiet des heutigen Kenia in Höhe des Turkanasees (der frühere Rudolfsee) erreichten. Von der Geschichte dieser Wanderung und den außerordentlichen Schwierigkeiten, die dabei überwunden werden mußten, berichtet die älteste mündliche Überlieferung des Volkes:

Einst lebten die Massai in einer kraterähnlichen Landschaft, dem *Kerio*-Tal im *Kalenjin*-Land, das von den steilen Berghängen des *Endikir Ekerio* umschlossen war. In einer Zeit langer Dürre, die Hunger und tiefe Entmutigung mit sich brachte, bemerkten die Älteren der Massai einmal, daß Vögel grünes Gras herbeibrachten, um damit ihre Nester zu bauen. Die Älteren berieten sich daraufhin und kamen schließlich zu der Überzeugung, daß die Vögel das Gras nur aus einer Gegend hinter den Bergen geholt haben konnten, wo Regen gefallen war. Kundschafter wurden nun ausgesandt, denen es mit großer Anstrengung und auf Händen und Füßen gelang, den Berghang zu erklimmen. Vom Gipfel aus erblickten sie eine fruchtbare grüne Ebene, die mit Bäumen bestanden und von Flüssen durchzogen war und ganz anders wirkte als ihr dürrer, staubiger Talkessel.

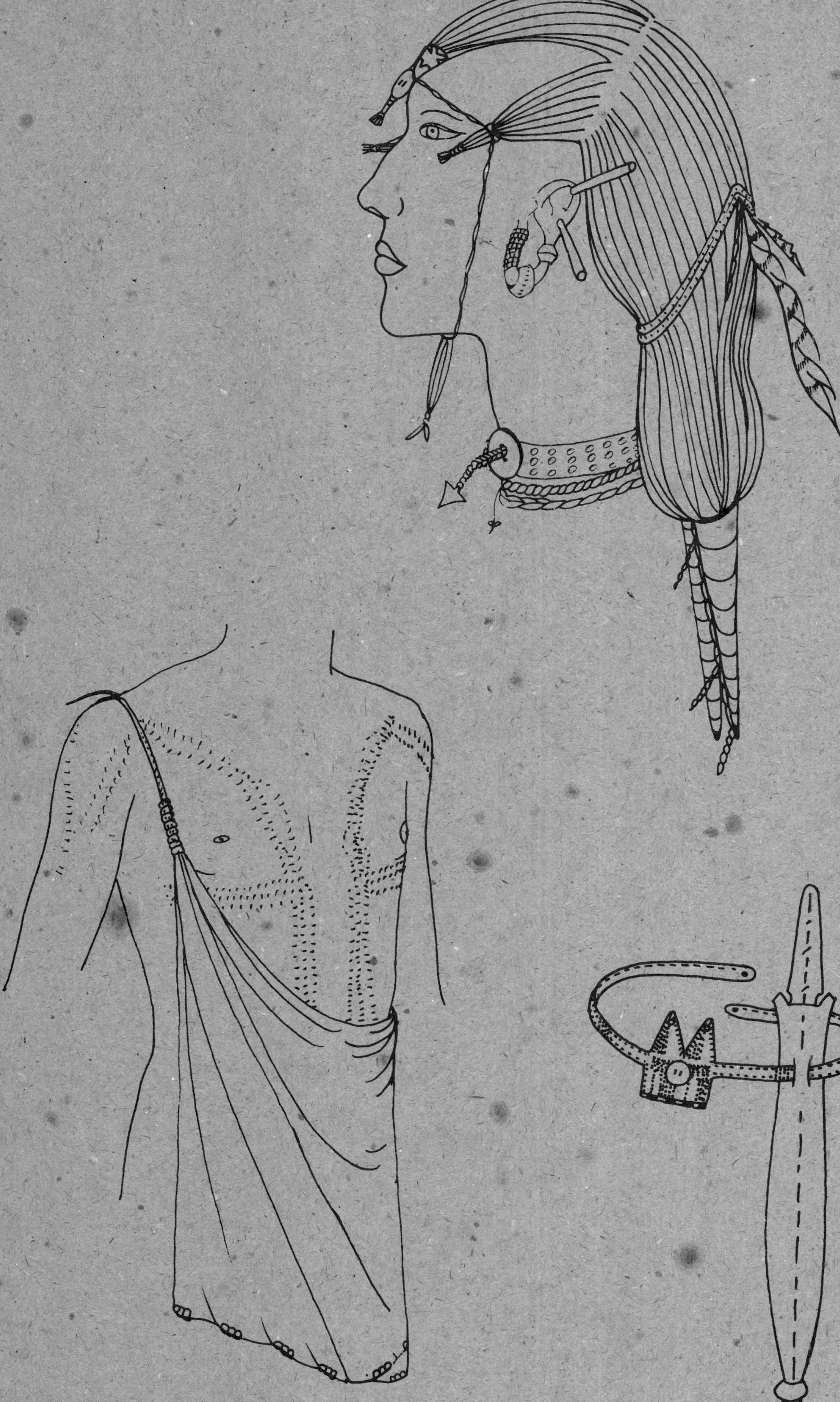

Ähnlichkeiten zwischen der materiellen Kultur der Römer und der Massai: Sandalen, Haartracht, Toga,. Gürtel, Scheide und Schwert

Nachdem sie das neue Land ausgekundschaftet hatten, kehrten sie mit Früchten und grünem Gras als Zeichen ihrer Entdeckung zurück.

Die Menschen im Tal begrüßten freudig ihre Rückkehr und priesen sie ob ihres Erfolges. Die Älteren traten nochmals zusammen und berieten, wie der Steilhang überwunden werden könne, um in das jenseitige grüne Land zu gelangen. Sie beschlossen, eine Leiter zu bauen, um so die tückische Bergkette zu bezwingen. Nachdem die Leiter fertiggestellt war, begannen die Menschen mit all ihrem Vieh und ihrer Habe den Aufstieg in das neue Land. Ein Teil von ihnen hatte schon sicheres Gebiet erreicht, die anderen aber erkletterten noch die Leiter, als diese plötzlich unter der Last zusammenbrach und Menschen und Vieh mit sich in die Tiefe riß. Nach langen, schwierigen Beratungen und ausführlichen Debatten faßten die Älteren schließlich den Entschluß, die Abgestürzten zurückzulassen, da eine Umkehr jene gefährden mußte, die sich bereits in Sicherheit befanden. Nach vielen Jahren gelang es den Zurückgebliebenen, der ersten Gruppe zu folgen, doch blieben sie von jenen ersten Auswanderern, die seither die eigentlichen Massai bilden, getrennt und unterschieden. Die Massai glauben, daß es sich bei den Nachzüglern um die *Rendille,* die *Pokot* und andere Stämme im Norden Kenias handelt, die den Massai in ihrer Lebensweise ähneln.

Die ersten Auswanderer, die Vorfahren der heutigen Massai, setzten ihren Weg nach Süden fort und unterwarfen alle Stämme, auf die sie stießen. Aufgrund ihrer überlegenen Organisation waren sie allenthalben sehr gefürchtet. Sie besiegten die kriegerischen *Galla,* das Jägervolk der *Ndorobo,* die mächtigen *Sirikwa,* die in der Folgezeit in den Massai aufgingen, und die *Iltatua,* deren Brunnen sie in Besitz nahmen. Die Bantu-Stämme, wie etwa die an Zahl starken *Kikuyu* und *Chaga,* konnten ohne großen Widerstand geschlagen und in Richtung der Berge Kenia und Kilimandscharo abgedrängt werden.

Gegen Ende des 19. Jahrhunderts bewohnten die Massai eine weite Grasebene, die sich über 1100 Kilometer von Norden nach Süden erstreckte, von *Marsabit* im heutigen Nordkenia bis nach *Kiteto* am Südende der Massai-Steppe im heutigen Tansania. Heutzutage ist die Ausdehnung des Massai-Landes weitaus geringer: Während der Kolonialzeit wurden weite Gebiete von europäischen Siedlern in Besitz genommen, und auch die seßhaften afrikanischen Stämme haben ihre Grenzen stetig erweitert. Aber noch bis Ende des letzten Jahrhunderts waren die Massai als Krieger so geachtet und gefürchtet – von den in Ostafrika lebenden Bantu und von den Arabern, die auf der Jagd nach Sklaven bis ins Innere Afrikas vordrangen, ebenso wie von den europäischen Forschern –, daß das Massai-Land weitgehend unberührt blieb.

Zum ersten Kontakt mit Europäern kam es gegen Ende der ersten Hälfte des vorigen Jahrhunderts durch zwei deutsche Mitglieder der *Church Missionary Society*, einer überkonfessionellen Vereinigung mit Sitz in London. Johann Ludwig Krapf traf auf die in Kenia lebenden Massai, während Johann Rebmann eine Expedition durch Tansania unternahm. 1858 veröffentlichte Krapf seine »*Reisen in Ostafrika*«, die wohl die erste Beschreibung der Massai und ihrer Lebensweise enthalten:

»Sie leben bloß von Milch, Butter, Honig und Fleisch von Kühen, Ziegen, Schafen und Wildbret, das sie erjagen. Gegen Ackerbau haben sie eine große Abneigung, da sie meinen, der Genuß von Getreide mache die Leute schwächlich und passe nur für die verachteten Volksstämme auf den Bergen . . . Wenn es ihnen an Vieh fehlt, so unternehmen sie Raubzüge gegen die Stämme, von denen sie wissen, daß sie im Besitz von Rinderherden sind. Sie sagen, der *Engai* (Himmel, Gott) habe ihnen alles Vieh gegeben, keine andere Nation dürfe solches besitzen. Da sie gefürchtete Krieger sind, die alles mit Feuer und Schwert vertilgen, so wagen es die schwächeren Stämme nicht, ihnen im offenen Felde zu widerstehen, sondern überlassen ihnen ihre Herden und suchen nur sich selbst durch die eiligste Flucht zu retten.«

Nach diesen ersten Begegnungen sorgte der kriegerische Ruf der Massai für einen langsameren Fortgang der europäischen Erkundungen. Erst in den Jahren 1883/84 gelang es als erstem Weißen Joseph Thomson, der in Diensten der *British Royal Geographic Society* stand, das Massai-Gebiet zu durchqueren. In seinem Buch »*Through Masai Land*« (1885) stellt er die Massai als kriegerisch und furchterregend dar und schildert, wie er einmal mitten in der Nacht sein Lager abbrechen und fliehen mußte, um nicht getötet zu werden. Zugleich jedoch würdigt Thomson auch den natürlichen Adel des Volkes:

»*Amboseli* war das Land der Massai – der Krieger, der Adligen, der Löwenjäger, der Hirten, derjenigen, die Blut und Milch trinken und lange Speere tragen. Mit großer Verwunderung betrachtete ich einen dieser Söhne der Wüste, wie er vor mir stand und mit einer natürlichen Eloquenz und Anmut sprach, dabei mit einem Sinn für Würde und Bedeutung seiner Stellung und einer Haltung, die über jeden Tadel erhaben waren.«

Kurz nach Thomsons Expedition gelang verschiedenen anderen Forschern die entbehrungsreiche Durchquerung des Massai-Gebiets, ohne daß sie dabei auf nennenswerten Widerstand stießen. Einer von ihnen war der Deutsche Carl Peters, der sich mit Waffengewalt seinen Weg bahnte und buchstäblich auf alles schoß, was sich ihm entgegenstellte. Anders ging Graf Samuel Teleki von Szék vor, ein deutschsprachiger Ungar, an den sich die Massai noch heute wegen seiner Zurückhaltung und Menschlichkeit erinnern.

Die Ankunft großer Scharen von Europäern in der Zeit vor der Jahrhundertwende hatte für die Massai verhängnisvolle Folgen: In den späten achtziger und frühen neunziger Jahren des 19. Jahrhunderts traten neben einer Reihe von Naturkatastrophen neue, vorher unbekannte Seuchen auf, die die Massai an den Rand des Untergangs brachten. Einer langen Periode von Dürre und Hungersnot folgte eine Pockenepidemie, deren Erreger von den Europäern eingeschleppt worden waren. Zugleich dezimierte die Rinderpest die Herden. Die Nachbarstämme der *Kikuyu, Kamba* und *Kalenjin* nutzten diesen Zustand der Schwäche aus und versuchten, sich Rinder und Land der Massai anzueignen. Einige Zeit später wurde zudem noch die Bewegungsfreiheit der Massai durch die Einrichtung von Kolonialregierungen in Kenia und Tansania beschnitten: Um die Auseinandersetzungen zwischen den verschiedenen Stämmen zu unterbinden, verboten die Kolonialbehörden ihnen, ihre angestammten Gebiete zu verlassen, eine Anordnung, die mit Polizeigewalt und modernen Waffen durchgesetzt wurde.

Das vielleicht größte Unglück aber war der Streit unter den Massai selbst, der nach dem Tod von *Batiany*, ihrem *Laibon*, ausbrach. *Laibon* nennen die Massai ihre geistigen Führer, Propheten und Medizinmänner. Obwohl die Macht eines *Laibon* im Grunde genommen nicht politischer Natur ist, besitzt er doch einen starken Einfluß auf alle Entscheidungen, die das Wohlergehen der Massai-Gemeinschaft betreffen. Sein Amt ist erblich und wird vom Vater auf den Sohn weitergegeben. Die Erzählung von der Auseinandersetzung zwischen zwei Söhnen des *Laibon Batiany* bildet einen solch wichtigen Teil der Geschichte der Massai, daß sie hier wiedergegeben werden soll:

Nach einem Sprichwort der Massai wird der Rat, den ein Mann dem Sohn seiner Lieblingsfrau erteilt, manchmal vom Sohn einer weniger bevorzugten Frau wahrgenommen und befolgt. So geschah es auch mit zweien von *Batianys* Söhnen, mit *Senteu*, dem ältesten Sohn der Lieblingsgattin, und *Lenana*, dem Sohn einer Nebenfrau.

Batiany war alt geworden und fühlte den Tod herannahen. Sein einziges Auge – es hieß, er sei nur mit diesem einen Auge geboren worden – verlor an Sehkraft, und auch sein einst berühmter Scharfsinn ließ nach. Dies erkennend rief er nach *Senteu*, auf den er seine Macht zu führen, zu heilen, zu prophezeien und zu zaubern übertragen wollte. Der schlaue *Lenana* hörte den Ruf des Vaters und verbarg sich sogleich in einem nahen Stall, um das Geschehen heimlich zu belauschen. *Batiany* sprach zu *Senteu*: »Mein Sohn, ich werde bald sterben. Ich will dir meine Kräfte übermitteln, damit du unser Volk führen kannst. Zuvor aber sollst du mir zwei Dinge bringen, ganz früh am Morgen, bevor jemand erwacht ist. Bringe mir gebratenes Schaffleisch und Honigbier, und dann komme an mein Bett, damit ich dich segnen kann.« Als *Senteu* gegangen war, um die Dinge zu holen, nach denen sein Vater verlangte, schlich auch *Lenana* davon, eilte zu seiner Mutter und erzählte ihr, was er gehört hatte. Die Mutter überdachte alles und gebot ihm schließlich, ebenfalls das Gewünschte zu besorgen und es dem Vater als erster zu bringen. Er solle dabei die Stimme seines Bruders nachahmen, um den Segen zu erhalten, der eigentlich für *Senteu* bestimmt war. Auch sei kein Grund zur Sorge. Sein Vater könne den Segen nicht widerrufen, selbst wenn er die List entdecke, da sie beide gleichermaßen seine Söhne seien.

Am nächsten Morgen erhob sich *Lenana* vor allen anderen, auch früher als *Senteu*. Er holte die von seinem Vater gewünschten Dinge und betrat damit dessen Haus. Als sein Vater fragte: »Wer ist da?«, antwortete *Lenana*, sich geschickt verstellend: »Ich bin es Vater, *Senteu*, dein ältester Sohn.« Ohne Zögern gab daraufhin der Vater alle Geheimnisse und alles Wissen eines *Laibon* an ihn weiter. Nachdem *Batiany* die Segnungen vollzogen hatte, hieß er seinen Sohn, sich rasch zu entfernen, bevor noch jemand anders käme. Als *Lenana* gerade das Haus verließ, begegnete er seinem Bruder *Senteu*, der sofort Verdacht schöpfte.

Batiany hörte *Senteu* hereinkommen und fragte wiederum: »Wer ist da?« *Senteu* antwortete; der Vater erkannte sofort die Stimme und fragte beunruhigt, wer denn vorher bei ihm gewesen sei. *Senteu* erwiderte, er habe nur seinen Bruder gesehen, als dieser gerade das Haus verließ. Darauf berichtete der unglückliche Vater, was geschehen war, und da er seinen Sohn nicht ohne Segen lassen wollte, hieß er ihn näherkommen, damit er ihn umarmen könne. Dann erteilte er ihm einen besonderen Segen: »Küsse meine Zunge«, sagte er und fuhr fort: »Was einmal geschehen ist, kann nicht mehr rückgängig gemacht werden, zumal ihr beide meine Söhne seid.« Schließlich überreichte er *Senteu* einen Zauberkasten *(Engidong)*, mit dessen Hilfe man andere Menschen verfluchen und behexen konnte. Seine Familie werde in Zukunft gedeihen, meinte *Batiany*, doch müsse er von nun an seinen jüngeren Bruder als neuen Führer der Massai anerkennen.

Dieser Vorfall führte zu einer Fehde zwischen den beiden Brüdern, die die Massai in zwei Lager spaltete. Die Briten hofften, Vorteile aus diesem Streit ziehen zu können; sie ergriffen Partei für *Lenana* und erklärten ihn zum obersten Führer der Massai. Er mußte sich ständig in *Ngong*, einem Gebiet in der Nähe des Regierungssitzes in Nairobi, aufhalten. Aber die Pläne der Briten scheiterten. Ihre mangelhafte Kenntnis der Lebensweise der Massai und ihre Gier nach Land ließen sie die Macht *Lenanas* überschätzen: Ein *Laibon* ist vorrangig ein geistiger Führer und nicht ein politischer. Als die Massai bemerkten, daß die Engländer sich nicht mit der Verwaltung ihres Landes begnügten, sondern sich auch große, fruchtbare Gebiete im Rift Valley nahe *Nakuru* und auf dem *Laikipia*-Plateau aneignen wollten, kamen sie wieder zu gemeinsamen Beratungen zusammen. Es gelang den Massai, ihre Streitigkeiten beizulegen, und vereint leisteten sie nun den Briten Widerstand. Sie mußten dies allerdings mit vielen Menschenleben und dem Verlust zahlreicher Rinder bezahlen. Als *Lenana* starb, konnten sich die Briten schließlich des Massai-Landes bemächtigen, wobei sie vorgaben, damit dem letzten Willen des *Laibon* zu folgen.

Die Massai hatten schwer unter der Kolonialherrschaft zu leiden. Aufgrund der ungerechten Verträge von 1904, 1911 und 1912 verloren sie ihr bestes Land an die Europäer; dazu gehörten auch solche Regionen, die in Dürrezeiten als Rückzugsgebiete gedient hatten. Sir Charles Eliot, Gouverneur des britischen Ostafrika-Protektorats von 1900 bis 1904, erteilte den weißen Siedlern die erste uneingeschränkte offizielle Genehmigung zur Landnahme. Die Massai versuchten sich unter der Führung von *Ole Gilisho* und *Masikonde* dagegen zu wehren, indem sie einen Prozeß bis vor den obersten britischen Gerichtshof in Ostafrika führten. Sie blieben jedoch ohne Erfolg. Gouverneur Charles Eliot verteidigte sein Vorgehen mit der Begründung, die Massai bewohnten mehr Land als sie benötigten und verhinderten so dessen Kultivierung durch eine »überlegene Rasse«. Eliot mußte zwar schließlich wegen dieses Landdisputes zurücktreten, aber die nachfolgenden Verwaltungen förderten ebenfalls die Ansiedlung von Europäern und die Vertreibung der Massai von ihrem angestammten Land. Das Siedlungsgebiet der Massai wurde zur Sperrzone erklärt, die kein Mitglied eines anderen afrikanischen Stammes ohne Erlaubnis betreten durfte. Aufgrund dieser Isolierung durch die Kolonialbehörden sind die Massai in ihrer Entwicklung hinter der übrigen Bevölkerung Kenias und Tansanias zurückgeblieben, und die Regierungen von Kenia und Tansania stehen seit der Erlangung der Unabhängigkeit vor der Aufgabe, den Massai dabei zu helfen, den Anschluß an die anderen Bevölkerungsgruppen zu finden.

Das Great Rift Valley, der große ostafrikanische Grabenbruch, in dem die Massai leben, ist ebenso faszinierend wie die Geschichte seiner Bewohner. Dieser gewaltige Graben erstreckt sich vom Toten Meer südwärts ins Innere Afrikas, wo er Äthiopien, Kenia und Tansania teilt, bevor er am Indischen Ozean endet. In ost-westlicher Richtung verläuft er in unregelmäßigen Windungen vom Golf von Aden bis zum Rand des Kongo-Beckens, wobei er an manchen Stellen eine Breite von über 60 Kilometern erreicht. Vor Urzeiten durch die Absenkung eines Streifens der Erdkruste zwischen zwei parallel verlaufenden Bruchzonen entstanden, enthält er die großen und kleinen Seen Tansanias und Kenias. Seine Savannen beherbergen zahllose Tiere, und an seiner Flanke erheben sich die höchsten Berge Ostafrikas, der Kilimandscharo, der Kenia und der Meru. Einstmals aktive Vulkane, sind diese Gipfel inzwischen erkaltet und anstatt von vulkanischer Asche mit Schnee bedeckt. Einige Berge in diesem Gebiet zeigen allerdings noch vulkanische Aktivität, so z. B. eine Erhebung im Lengai-Massiv.

Im Massai-Land wechseln zwei Jahreszeiten von jeweils etwa sechs Monaten Dauer einander ab: die Regenzeit

(Alari) und die Trockenzeit *(Alamei)*. Die Regenzeit beginnt im November mit kurzen Regenfällen, *Ilkisirat* genannt, und endet im Mai. Von Mai bis Oktober herrscht Trockenheit. Juli und August sind kühle Monate. Der Lebensrhythmus der Massai wird von diesen wechselnden Jahreszeiten bestimmt.

Wenn Donner und Blitz die Stille durchbrechen und dunkle Wolken den ersehnten Regen bringen, eilen die Massai-Frauen, um die Löcher in den Dächern der Häuser abzudichten. Bald wächst ein Teppich grünen Grases auf der vormals trockenen braunen Erde. Klare Tage treten nun an die Stelle von dunstigen, wie sie in der Trockenzeit üblich sind. Scharen von Gnus und Gazellen beleben die Ebenen und Täler, Geier kreisen über den Herden und spähen nach schwachen und toten Tieren. Die Seen scheinen übersät mit Störchen und rosaroten Flamingos. Die Massai wissen, daß es nun an der Zeit ist, ihre geheiligten Herden in die Ebenen des Rift Valley zu treiben. Der Anblick des grünenden Landes und der überquellenden Flüsse und Seen erfüllt sie mit Freude, und vergnügt lauschen sie der Musik der Frösche und Grillen. Die Massai begehen den Beginn der Regenzeit mit fröhlichen Gesängen und einer Reihe von Festen; zahlreiche Reifefeiern finden in dieser Zeit statt. Gelegentlich müssen Zäune ausgebessert werden, die bei den Rangkämpfen der Bullen zu Bruch gegangen sind, im übrigen ist wenig zu tun.

Die Trockenzeit setzt langsam aber unaufhaltsam ein. Die Sonne versengt das Land, das Gras verdorrt, und in der Erde klaffen unzählige Risse auf. Die Viehpfade versinken zunehmend im Staub, und die Felsen, einst dicht bewachsen, liegen bloß. Alles wirkt grau, abgestorben und trostlos. Die unbarmherzige Trockenzeit bringt Dürre, Verzweiflung und Tod. Die Rinder werden schwach und sterben, und auch die Menschen zehren ihre Kräfte auf, denn die Nahrung wird knapp. Die Massai müssen nun alle Anstrengungen aufbieten, um ihr ein und alles, ihre Rinder, mit Weide und Wasser zu versorgen. Sie müssen sie ins Hochland treiben, wo das Gras noch grün ist und wo die Bergbäche Wasser spenden. Erst wenn dies getan ist, haben die Massai ihr Überleben bis zur nächsten Trockenzeit gesichert.

Ohrmarkierungen und Brandzeichen

Die Massai leben in Harmonie mit den täglichen und jahreszeitlichen Zyklen der Natur. Der Massai-Hirte hat gelernt, der bitteren Kälte der Nacht und der großen Hitze des Tages zu widerstehen und räuberischen Löwen und Rinderdieben mutig entgegenzutreten. Der Mond leitet ihn des Nachts, und die Bewegung der Sterne am Himmel kündigt ihm das Nahen des Morgens an. Mit der Dämmerung erwachen die Gesänge der Frauen und die Stimmen der Vögel, gleichsam die ersten Gebete eines neuen Tages. Nachdem die Kühe gemolken sind, werden die Rinder- und Schafherden zu ihren Weiden getrieben. Die Tiere gleichen einer Kette aufgereihter Perlen, wenn sie durch Täler, Steppen und Hügel ziehen, um dann endlich im Schatten der Berge zu grasen.

Kuhglocken und Amulette

Über den Gipfeln erstreckt sich der weite afrikanische Himmel, oft tiefblau wie der Ozean. An manchen Tagen werfen wandernde Wolken riesige Schatten, die über die Bäume der offenen Savanne und die fernen Hügel streichen. Diese nebligen, dunstigen Wolken treiben ins Hochland, wo sie manchmal tagelang schützend die Berge bedecken und sie so dem Blick des neugierigen Wanderers entziehen. Ihre Feuchtigkeit tropft von den taunassen Bäumen und läßt Moose und Farne gedeihen.

Die harmonische Beziehung der Massai zur Natur steht in engster Verbindung zu ihrem Glauben. Die Massai verehren einen einzigen Gott, *Engai,* der im Himmel wie auf Erden wohnt. *Engai* gilt als höchstes Wesen, und niemand als er darf mit seinem Namen angerufen werden. Die Gottheit zeigt sich von zwei Seiten: in Gestalt des *Engai Narok* als schwarzer, guter und wohlwollender Gott und in *Engai Na-nyokie* als roter und strafender Gott, als Gott in seinem heiligen Zorn. Der schwarze Gott manifestiert sich in Donner und Regen, die das Gras für die Rinder wachsen lassen und damit Wohlstand für die Massai bringen; den roten Gott sieht man im schrecklichen Blitz walten, der töten kann, aber auch in der extremen Trockenheit, die Hunger und Tod hervorruft. Für die Massai ist *Engai* der unumschränkte Herr über Leben und Tod.

Bei allen wichtigen Zeremonien beten die Massai gemeinsam; darüber hinaus zeugen zahlreiche Redewendungen von der Gegenwart Gottes auch im alltäglichen Bewußtsein. Oft hört man Worte wie *Engai tajapaki tooinaipuko inono* (»Gott, nimm mich unter deine Fittiche«) oder *Engai ake naiyiolo* (»Gott allein weiß es«). Ein Massai, der sich von einem anderen Menschen oder auch vom Schicksal ungerecht behandelt fühlt, wird sagen *Tapala amoo etii ake Engai* (»Das macht nichts, denn Gott ist ewig«). Manche Gebete der Massai sprechen Gott als weibliche Person an, andere wiederum als männliche. Ein Lied preist *Naamoni aiyai,* »die, zu der ich bete«, während ein anderes von *Olasera ingumok,* »ihm, dem Farbenreichen« spricht. Für die Massai schließt Gottes Erhabenheit also die verschiedensten Eigenschaften ein.

Beherrscht werden die Gebete von dem Wunsch nach Kindern und nach Vieh. Wenn sich zwei Leute begegnen, begrüßen sie sich mit *Keserian ingera? Keserian ingishu?* (»Wie geht es den Kindern? Wie geht es den Rindern?«) Rinder gelten den Massai als etwas ganz besonderes; sie sind in der Tat die Grundlage ihrer ganzen Kultur, die wichtigste Quelle ihres Lebensunterhaltes, ihres Reichtums und ihrer Macht. Nach einer neueren Zählung beträgt die Zahl der Rinder im Massai-Gebiet etwa drei Millionen, mehr Rinder pro Person als bei irgendeinem anderen Stamm Afrikas. Daneben halten die Massai große Herden von Schafen und Ziegen, deren wirtschaftlichen Nutzwert sie hoch schätzen und die nicht nur als Nahrung dienen, sondern auch zu zeremoniellen Zwecken.

Ein Massai von bescheidenem Wohlstand besitzt eine Herde von etwa 50 Rindern. Diese Zahl gilt als *Ingishu naadaari,* als »groß genug, um eine Herde sicher weiden zu können«. Je größer die Herde, desto größer der Reichtum, und manche Massai nennen bis zu 1000 Tiere ihr eigen. Ohne Kinder allerdings gilt niemand als wahrhaft wohlhabend. Der Beiname *Arkasis,* die Bezeichnung für einen reichen Mann, steht nur dem zu, der sowohl mit Rindern als auch mit Kindern gesegnet ist. Ein Mann mit weniger als 50 Rindern empfindet sich als arm, und die Unzufriedenheit darüber drückt sich in Liedern wie dem folgenden aus:

Abuaki emutii iyai endarona nabuaki alapa elepo.
Peemejo Engai nemejo engop kalo ele lembwaak ebwaki.
Nanu naibeloiye emurt osenaa looingishu naitongor
engonom. Atayewo olaingoni sambu emurut looingishu
elekai supuko nanang'ie.

Ich bete zum Abend, und ich bete zum Morgen,
und ich bete den Aufgang des Mondes an,
so daß weder Gott noch die Erde sagen kann:
»Wer betet da nicht, während alle anderen beten?«
Mein Unglück lastet schwer auf mir, mit einer Herde
von weniger als 50 Tieren. Ich will einen Bullen
mit gestreiftem Fell am Nacken aus einem anderen Land,
der meine Herde vergrößern soll.

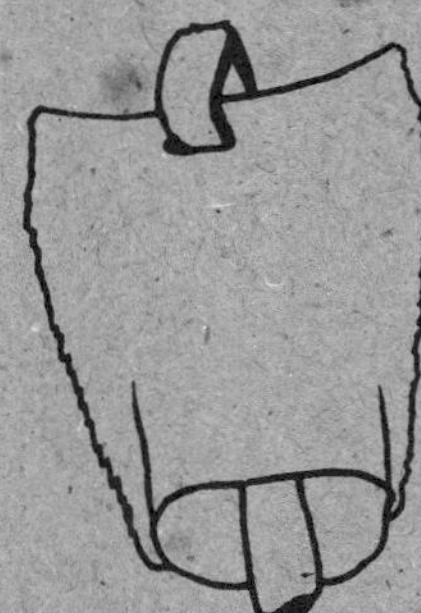

Die Massai glauben, daß sich ihre Clans – große Sippen, deren Mitglieder untereinander blutsverwandt sind, aber über verschiedene Stammesgebiete verstreut leben – ursprünglich aus dem Besitz von verschiedenen Rindern ableiten. Sie unterscheiden zwei Hauptgruppen innerhalb ihres Volkes – *Oodo Mongi,* »das Rote Rind«, und *Orok Kiteng,* »das Schwarze Rind« –, die ihrerseits wiederum in fünf Clans unterteilt sind. Eine Geschichte aus den frühen Tagen der Massai berichtet, daß *Natero Kop,* der Stammvater des Volkes, zwei Frauen heiratete. Der einen gab er rote Kühe, und sie baute ihr Haus an der rechten Seite des Eingangs zum Kraal ihres Mannes. Die zweite Gattin erhielt schwarze Kühe und ließ sich auf der linken Seite nieder. Beide Frauen wurden nach ihren Rindern benannt. Die erste, *Nado Mongi* (»die rote Kuh«), schenkte drei Kindern das Leben: *Lelian,* dem Urahn des *Ilmolelian*-Clans, *Lokesen,* dem Stammvater des *Ilmakesen*-Clans, und *Losero,* dem Gründer der *Iltaarrosero.* Diese drei Clans bilden den ›rechten‹ Zweig der Massai-Gesellschaft. Die zweite Frau, *Narok Kiteng* (»die schwarze Kuh«), gebar zwei Söhne: *Naiser,* den Gründer des *Ilaiser*-Clans, und *Lukum,* den Stammvater der *Ilukumae.* Dies sind die Clans des ›linken‹ Zweiges. Die *Ilmolelian* und die *Ilaiser* sind die bekanntesten und mächtigsten Clans der Massai, und so glaubt man, daß ihre Gründer die jeweils ältesten Söhne ihrer Mütter gewesen sind.

Heiraten sollen möglichst zwischen den beiden Clanzweigen erfolgen und nicht innerhalb einer Gruppe. Sollte es aber doch einmal zu einer Eheschließung innerhalb eines Zweiges kommen, kann ein vorausschauender Bräutigam der Familie seiner Braut eine junge Kuh schenken und damit den ›Inzest‹ ungeschehen machen. Entspringen aus einer Ehe Kinder, gehören diese stets dem Clan des Vaters an.

Jeder Clan verfügt über sein besonderes Brandzeichen, mit dem alle Rinder seiner Mitglieder auf dieselbe spezifische Weise gebrandmarkt werden. Neben diesem Hauptbrandzeichen für den gesamten Clan kennt man noch andere, meist kleinere Markierungen, an denen man den jeweiligen individuellen Besitzer erkennen kann. Jede Familie hat außerdem noch eine spezielle Methode, die Ohren ihrer Tiere einzuschlitzen. Bei den Rindern bezeichnet der Schlitz in einem Ohr den Zweig und der im anderen den Clan des Eigentümers. (Die Ohren der Schafe und Esel können dagegen beliebig markiert werden.) Wenn jemand also auf eine umherirrende Kuh stößt, kann er erkennen, daß sie beispielsweise zum *Ilaiser*-Clan gehört und dort dieser oder jener Person. Wo immer der Massai Rinder grasen sieht, stets sagen ihm die Brandzeichen und Ohrmarkierungen sofort, ob er mit dem Besitzer der Tiere verwandt ist oder nicht.

Eine Herde setzt sich aus Kühen, Bullen und Ochsen zusammen. Auf 50 Kühe kommen dabei meist zwei bis drei Bullen, gewöhnlich ein großer, ein mittelgroßer und ein kleiner. Die Zahl der Bullen wird klein gehalten, und man achtet außerdem auf ein unterschiedliches Alter, um Rangkämpfe zu vermeiden. Die übrigen männlichen Tiere werden schon sehr jung kastriert. Die Ochsen liefern Fleisch oder werden gegen Waren eingetauscht. Unkastriert bleiben diejenigen Jungstiere, deren Eltern gewisse erwünschte Eigenschaften aufweisen. So soll die Mutter viel Milch geben und ein schön gefärbtes Fell besitzen, und der Vater soll groß und stark sein. Einige Familien, wie etwa die des *Laibon,* bevorzugen Bullen mit langen Hörnern, da dies als Schönheitsideal gilt.

Eine Familie kennt ihre Rinder ganz genau und bringt ihnen eine ähnliche Zuneigung entgegen wie jemand bei uns seinen Kindern. Man merkt sich die Verhaltensweisen und die besondere Stimme jedes einzelnen Tieres. Jeder Massai lernt in seiner Jugend, den Rindern vorzusingen und die Form ihrer Hörner und ihrer Höcker, ihre Farben und kleinen Eigenheiten zu unterscheiden. Viele Lieder der Massai handeln von Rindern. Das folgende Lied sang eine junge Frau dem Krieger ihres Herzens:

Mee osingolio kisiaje nemee engopiro natii elpapit,
kisiaje ilooitong' osero laalaram onaree irrepeta.

Es war weder dein Tanzen noch die Feder in deinem Haar,
die mich anzog. Eher war es deine große Rinderherde,
die den Busch niedertritt und sich den Weg durch den Wald
bahnt. Sie ist es, die Lob und Preis verdient.

Kuhmilch ist das Hauptnahrungsmittel der Massai. Sie wird frisch oder als Sauermilch genossen. Die Babies erhalten *Ghee,* eine Art halbflüssiger Butter. Nur in besonderen Fällen wird ein Tier seines Fleisches wegen geschlachtet, so z. B. wenn jemand schwer erkrankt ist, bei einer Geburt, wenn die Krieger sich in die freie Natur zurückziehen, um neue Kräfte zu sammeln, oder bei anderen wichtigen Zeremonien. Die Massai essen meist in Gemeinschaft. Wird eine Kuh geschlachtet, kann an diesem Tage jeder, der möchte, am Mahl teilnehmen. Alle achten jedoch darauf, Milch und Fleisch nie zur gleichen Zeit zu sich zu nehmen, denn man glaubt, dies verursache Bandwürmer und lasse die Euter der Kühe krankhaft anschwellen. Abgesehen davon halten es die Massai aber auch für einen Verrat am Tier, sich zugleich von seiner lebenden Substanz, der Milch, und von seiner toten, dem Fleisch, zu ernähren. Ein Massai muß sich also entscheiden, was von beidem er an einem Tag verzehren will.

In der Trockenzeit, wenn die Milch knapp wird, trinken die Massai auch Tierblut. Man schlachtet dafür allerdings kein Tier, sondern bringt ihm nur mit einer Pfeilspitze einen Einschnitt an der Halsschlagader bei. Die Krieger trinken häufig Blut gesunder und starker Tiere, um deren Kraft aufzunehmen. Das gleiche tun entbindende Frauen, verwundete Krieger und gerade beschnittene Knaben und Mädchen, denn sie alle müssen ihren erlittenen Blutverlust ausgleichen. In den letzten Jahren ist man allerdings teilweise dazu übergegangen, das Tierblut durch ein Gemisch aus Mehl und Wasser zu ersetzen.

Die Massai nutzen aber nicht nur Milch, Blut und Fleisch ihrer Rinder, sondern auch den Harn, und zwar für Heilzwecke und zum Auswaschen der Kalebassen. Mit dem Dung des Viehs werden die Häuser bedeckt, die Hörner dienen als Behälter, aus den Hufen fertigt man Schmuckstücke und aus dem Fell Kleidung, Schuhe, Haus- und Bettverkleidungen sowie Seile. In jeder Zeremonie spielt eine Kuh, ein Bulle oder ein Ochse eine Rolle. Die Rinder bilden in der Tat die Grundlage des Massai-Lebens, und nichts kommt ihnen in den Augen der Massai an Wert gleich.

Selbst die Anlage der Siedlungen ist auf den Schutz der Rinder abgestimmt. Kommen mehrere Familien überein zusammenzuleben, bauen sie einen Kraal *(Engang)* für sich und ihr Vieh. Als Abgrenzung und zur Sicherung gegen Raubtiere wird zunächst ein kreisförmiger Zaun aus dornigen Ästen oder langen, zusammengebundenen Pfählen errichtet. Die Dichte des Zaunes hängt von den Gefahren ab, die im umliegenden Busch lauern. Entlang der Innenseite bauen die Frauen igluartige Häuser aus Ästen und Gras und bedecken sie mit dicken Lagen aus Kuhdung, der während der Regenzeit Wärme spendet und Schutz vor Nässe bietet. In der Mitte des Kraals bleibt ein großer Platz frei, auf den man abends die Rinder treibt, damit sie vor Raubtieren und Viehdieben sicher sind. Die einzelnen Kraale werden in beträchtlicher Entfernung voneinander

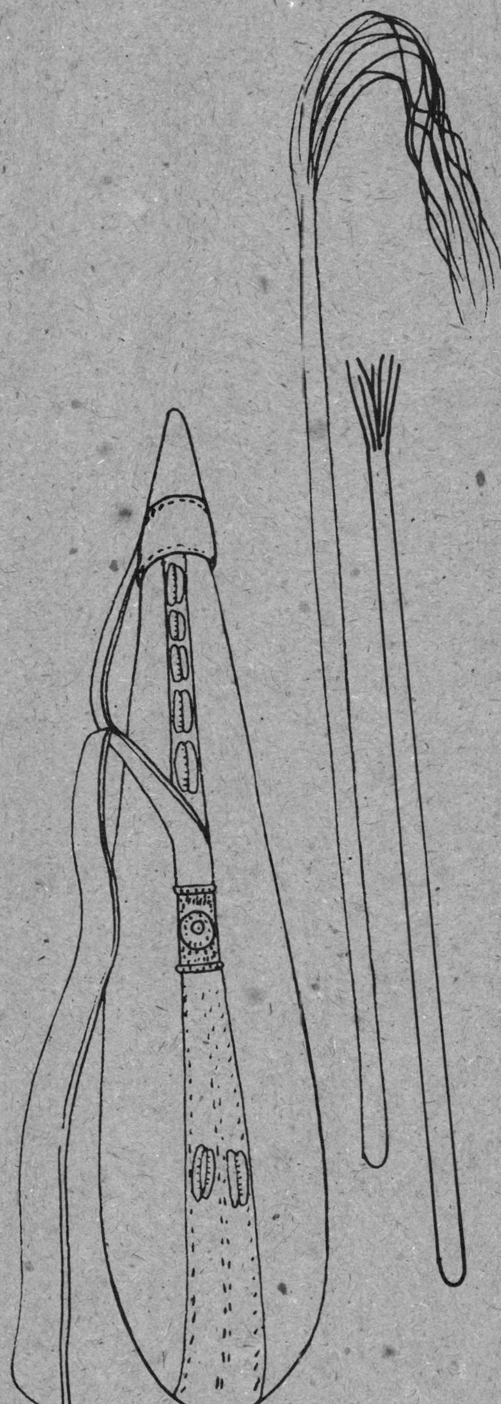

Kalebasse mit zwei Reinigungsbürsten

angelegt, um zu vermeiden, daß sich die verschiedenen Viehherden miteinander vermischen.

Die Massai verehren auch das Gras, denn es ist die Nahrung ihrer Rinder. Wenn Dürre herrscht, befestigen die Frauen Grasbüschel an ihrer Kleidung und beten zu Gott, daß es regnen möge. Schlägt ein Krieger einen Jungen auf einer Weide, braucht dieser nur etwas Gras auszurupfen und zu rufen: »Grünes Gras, grünes Gras, ich bitte dich«, und der Krieger muß unverzüglich einhalten. Wollen die Massai im Kampf gegen ihre Feinde Frieden schließen, halten sie etwas Gras in die Höhe. Wenn ein Mann mit Gras in den Händen einen anderen um Vergebung bittet und dieser sie nicht gewährt, so heißt es von dem, der nicht verzeihen will, er sei ein *Ndorobo* und verstünde nichts von Rindern (der Stamm der *Ndorobo* wird von den Massai verachtet, weil er keine Rinder besitzt). Die Massai sagen: »Gott gab uns Rinder und Gras. Ohne Gras gibt es keine Rinder, und ohne Rinder gibt es keine Massai.«

Ein Massai-Mann durchschreitet auf seinem Lebensweg eine Reihe von Stadien, die vom Alter abhängen, durch bestimmte Zeremonien markiert und eröffnet werden und festgelegte Pflichten und Rechte mit sich bringen. Man unterscheidet bei Männern grundsätzlich drei Lebensalter: Jugendliche, Krieger und Ältere. Die Krieger werden in eine jüngere und eine ältere Gruppe unterteilt und bilden zusammen eine Altersklasse oder Generation. Etwa alle 15 Jahre tritt eine neue Generation in den Kriegerstand ein und erhält dabei einen eigenen Namen, einen symbolischen Segenswunsch, dem gemäß sie leben soll. Solch ein Name lautet zum Beispiel *Iltobola,* »die Wachsenden und Gedeihenden«. Wenn die Krieger in den Älterenstand eintreten, nimmt eine neue Kriegergeneration ihren Platz ein. Bei den Älteren kennt man ebenfalls verschiedene Gruppen, eine jüngere, eine mittleren Alters und die der Alten, die sich von der aktiven Teilnahme am Massai-Leben zurückziehen.

Es bestehen kleinere Unterschiede zwischen den einzelnen Massai-Stämmen, in den wesentlichen Dingen aber stimmen sie überein, so etwa im System der Altersklassen und den mit ihnen verbundenen vier Hauptzeremonien, von denen jede einen neuen Lebensabschnitt einleitet. Diese vier Feiern, die von allen männlichen Massai vollzogen werden, sind:

Alamal Lengipaata, die Zeremonie, die der Knabenbeschneidung vorangeht;
Emorata, das Beschneidungsritual, das die Jugendlichen in den Kriegerstand einführt;
Eunoto, der Übergang vom Krieger- in den Älterenstand;
Olngesherr, das Erreichen des vollen Älterenstatus.

Alle vier Zeremonien weisen gewisse Gemeinsamkeiten auf, wie das Scheren des Kopfes, beständige Segnungen, das Schlachten eines Tieres, rituelle Gesichts- und Körperbemalungen, Gesänge, Tänze und Feiern. Jeder Stamm begeht seine Zeremonien für sich; aus unbekannten Gründen muß aber die *Olngesherr*-Feier von den *Ilkisongo* eröffnet werden, dann erst folgen die anderen Stämme. Die *Alamal Lengipaata*-Zeremonie wird stets von den *Ilkeekonyokie* begonnen.

In den folgenden Kapiteln wollen wir das traditionelle Leben der Massai von der Geburt über Kindheit und Reife bis hin zum Alter schildern und einige der Rituale, die mit den verschiedenen Lebensabschnitten verbunden sind, genauer darstellen. In ihrer langen Geschichte haben die Massai stets dafür gekämpft, ihrer Überlieferung gemäß leben zu können. Heute jedoch vermögen sie dem Druck der modernen Welt nicht länger standzuhalten. Das Überleben der Massai-Kultur steht nicht mehr zur Debatte; ihre traditionelle Lebensweise geht einem raschen Untergang entgegen. So erhält unsere Schilderung einen zunehmend rückblickenden und bewahrenden Charakter in dem Maße, wie der Stolz und die Schönheit des Massai-Lebens dahinschwinden gleich den Nebeln über den Bergen des Massai-Landes.

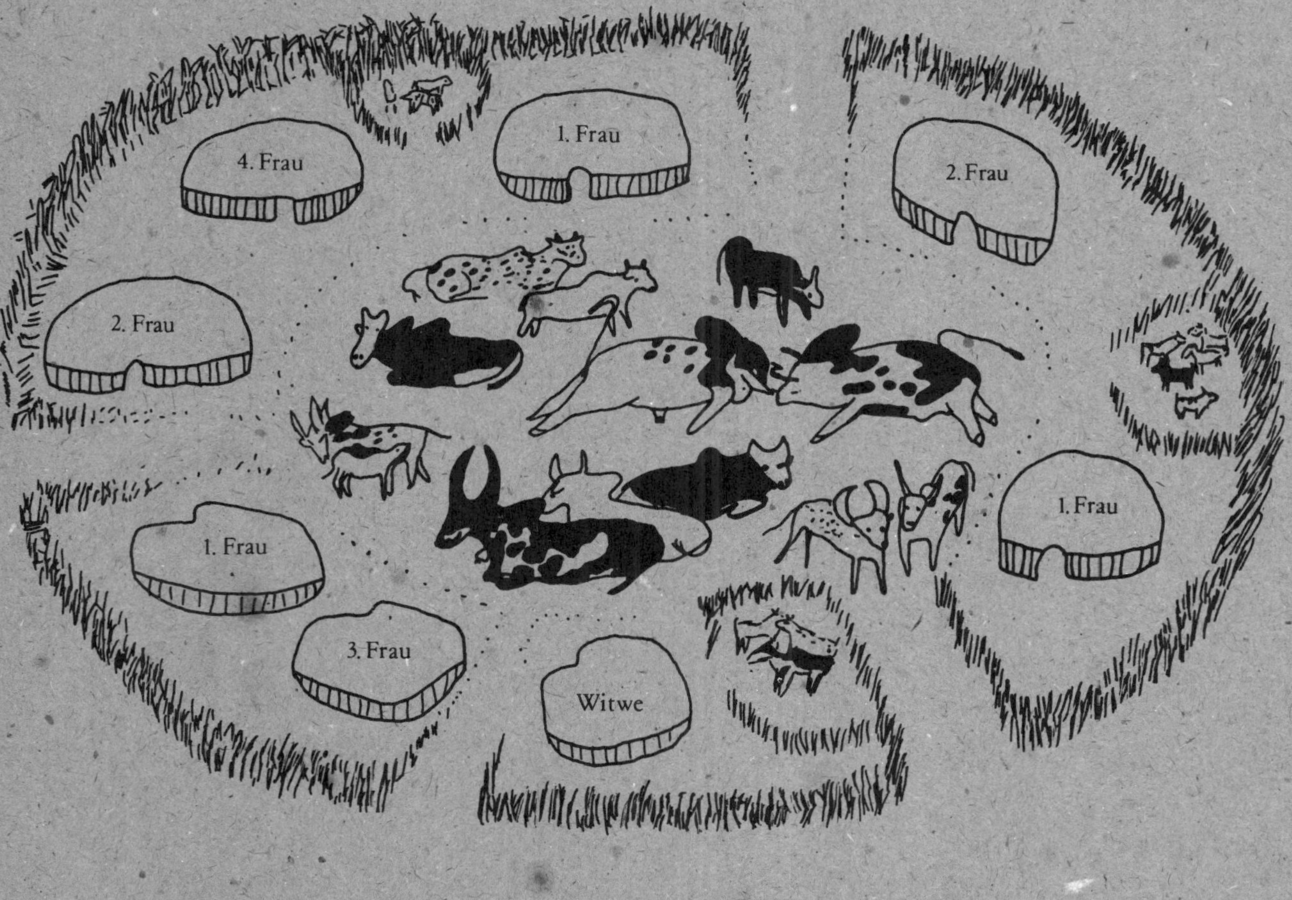

Eine Massai-Siedlung (Engang)

Im Lande der Massai,
im Great Rift Valley Kenias und Tansanias:
dornige Akazien wie Punkte auf grasigen Savannen,
weite Seen und mäandrierende Flüsse;
flaches, manchmal ausgedörrtes Land
hebt sich sanft den grünen Hügeln entgegen.
Ferne Berge mit magischen Namen –
Kilimandscharo, Kenia, Meru, Lengai;
sie stehen wie Wachen an der Grenze des Landes.
Überall das durchdringende Licht der hohen Sonne;
in der Luft der Duft von *Leleshwa*-Blättern.
In der Ebene Scharen von grasenden Zebras,
Antilopen und Gnus;
aus dem Buschwald schallt das dumpfe Echo
dahinstampfender Elefanten.
Die Massai wandern mit ihren Rindern dorthin,
wo das grüne Gras sprießt.
Sie leben, wie sie immer gelebt haben:
Nomaden, doch nicht ohne Zuhause.

links: der Kilimandscharo *oben:* die Oldoway-(Olduvai-)Schlucht *unten:* der Eyasi-See

Siedlungen der Massai, die *Engang* oder Kraale – mit Kuhdung abgedeckte Häuser, von kreisförmigen Einfriedungen umgeben

Inkera: Jugend

»Möge Gott dir Kinder und auch Rinder schenken.« In den Gebeten der Massai werden diese beiden Gaben immer zusammen erwähnt. Wenn ein Massai Kinder hat, braucht er auch Rinder, um sie zu ernähren; besitzt er Rinder, benötigt er Kinder, die seine Herde hüten können. Kinder und Rinder ergänzen sich somit; wenn ein Massai allerdings zwischen beiden wählen müßte, würde er sich für die Kinder entscheiden. Es gibt dafür einen gefühlsmäßigen und einen praktischen Grund. Zunächst einmal hängen die Massai sehr an ihren Kindern. Oft hört man Eltern mit liebevollen Ausdrücken wie »meine weiche Nabelschnur«, »mein zerbrechlicher Knochen« oder »Kind meines geliebten Mannes« nach ihren Kindern rufen. Daneben spielen auch praktische Erwägungen eine Rolle: Ein Mann mit Kindern, der keine Rinder besitzt, ist weitaus reicher als ein Mann in der umgekehrten Situation. Hat ein Vater Töchter, werden diese einmal heiraten, und ein Teil des Brautpreises, den der künftige Ehemann zahlen muß, besteht aus Rindern. Nennt er Söhne sein eigen, werden diese einmal zu Kriegern und können auf ihren Raubzügen Rinder erbeuten. Deshalb nehmen die Kinder den wichtigsten Rang ein, obwohl die Massai die Aufforderung, zwischen beiden zu wählen, wohl als eine Zumutung empfinden würden: Sie möchten am liebsten beides zugleich besitzen.

In der Anfangszeit ihrer Schwangerschaft entwickelt die Massai-Frau eine ausgeprägte Vorliebe für bestimmte Speisen. Deuten die ersten Anzeichen darauf hin, daß sie ein Kind erwartet, wird sie ihren Ehemann oder irgendeinen Verwandten schüchtern um eine besonders begehrte Speise bitten, etwa um das Fleisch von Schafen, Ziegen oder Kühen oder sogar das wilder Tiere. Dieser Bitte muß unbedingt entsprochen werden, da sonst eine Fehlgeburt die Folge sein könnte.

In den späteren Stadien ihrer Schwangerschaft achtet die werdende Mutter sehr genau auf die Art der Ernährung. Sie ißt insgesamt weniger, trinkt mehr Wasser und enthält sich gewisser Speisen. Frische Milch ist verpönt; man glaubt, sie erhöhe das Gewicht des Fötus und damit das Geburtsrisiko. Die Schwangere darf kein Fleisch von Tieren essen, die an einer Krankheit gestorben sind, sondern nur das gesunder Tiere, die auf regelgerechte Weise geschlachtet wurden. Das Fleisch muß gründlich gekocht sein, damit alle eventuell vorhandenen Parasiten absterben und kein Saft im Fleisch bleibt, der nach Meinung der Massai Mutter und Kind an Gewicht zunehmen läßt. Getrocknetes Fleisch wird bevorzugt. Auch Erbrechen, absichtlich durch besondere Kräuter und Wurzeln hervorgerufen, gehört mit zu den Vorschriften bei einer Schwangerschaft. Sinn dieser Maßnahme wie auch des häufigen Wassertrinkens ist es, Magen und Blut zu reinigen und die Gesundheit der werdenden Mutter zu erhalten. Als wichtigste Vorsichtsregel gilt, daß sich die Schwangere so weit wie möglich fetter Speisen zu enthalten habe. Nach Auffassung der Massai erschwert oder gefährdet ein Übergewicht der Mutter oder des ungeborenen Kindes die Geburt ungemein.

Ein Massai-Kind erblickt das Licht der Welt inmitten einer Schar geschäftiger Frauen, die andauernd rufen: »Halte dort, hebe da, presse fest.« Die Geburt findet im Haus der werdenden Mutter unter der Aufsicht einer Hebamme statt. Als Hebammen fungieren meist Frauen, die selbst Erfahrung als Mütter besitzen und in dem Ruf stehen, ernsthaft und gewissenhaft zu sein. In der Regel stammen sie aus der Familie der Schwangeren. Kann in der eigenen Familie niemand die Rolle der Hebamme übernehmen, wird eine Frau von außerhalb geholt, die dann aber schon einen oder zwei Monate vor der Niederkunft ins Haus kommt, um im Falle

links: *Ein Massai-Kind stülpt sich auf der Suche nach Essensresten einen Kochtopf über*

einer Frühgeburt eingreifen zu können. Die Hebamme ist es auch, die die Nabelschnur durchtrennt. Dabei spricht sie: »Du bist jetzt verantwortlich für dein Leben, so wie ich für meines.« Diese Worte heißen den Neugeborenen in unserer rauhen Welt willkommen, die so verschieden ist von der Weichheit und Wärme des Mutterleibes. Sie markieren zugleich den Augenblick der Trennung von Mutter und Kind. Von nun an führt jeder von beiden sein eigenes Leben.

Nachdem man die Nachgeburt beseitigt hat, werden Mutter und Kind mit einer Mischung aus Wasser und Milch gereinigt. Das Geschlecht des Neugeborenen ist bei dieser Zeremonie von großer Bedeutung, und daher wird dem Vater, der sich während der Entbindung dem Haus nicht nähern darf, so rasch wie möglich Mitteilung darüber gemacht. Handelt es sich um einen Jungen, sagt die Hebamme dem Vater, er solle einem jungen Bullen Blut abzapfen und dann vorgeben, das gleiche bei einer jungen Kuh zu tun. Ist das Neugeborene ein Mädchen, weist sie ihn an, umgekehrt zu verfahren. Das Blut wird in einer Kalebasse aufgefangen, die bei einem neugeborenen Knaben von einem Mann und bei einem Mädchen von einer Frau gehalten wird. So wissen alle Anwesenden sofort, welches Geschlecht der Säugling hat. Man mischt das Blut mit warmer Milch und reicht diese Mixtur der Mutter als Trank. Im Innern des Geburtshauses wird ein Schafbock, der *Olkipoket* (»Reiniger des Hauses«) geschlachtet; nur die anwesenden Frauen des Dorfes, die der Mutter Milch als Geschenk gebracht haben, essen von seinem Fleisch.

Bald nach dem Mahl beginnen die Frauen, Gebetslieder zu singen. Ein beliebtes Lied heißt *Naomoni Aaayai:*

Naomoni aaayai
Der, für den wir beten, und ich – wir beide beten.
Naikurukur nesha
Gott des Donners und des Regens,
Iye oshi ak-aaomon.
immer bete ich zu Dir.
Kileken oilepu
Aufgehender Morgenstern,
Iye oshi ak-aaomon.
immer bete ich zu Dir.
Paasai leleshwa,
Unbeschreibliche Farbe,
Iye oshi ak-aaomon.
immer bete ich zu Dir.

Mit diesem Lied werden das Haus, die Mutter, das Kind und die ganze Familie gesegnet. Am nächsten Tag schlachtet man ein Schaf und reicht der Mutter das ausgelassene Fett als Trank. Das Fleisch kann von Männern wie auch von Frauen gegessen werden, doch erhält die Hebamme immer die besten Stücke.

Von diesem Tag an darf die Mutter zu sich nehmen, was sie möchte, jedoch sollte ihre Nahrung einen hohen Fettgehalt haben, denn man glaubt, dies fördere ihre Gesundheit und gebe ihr verlorene Kräfte zurück. Das Kind wird zwei bis drei Monate lang nur gesäugt, danach erhält es zusätzlich auch Kuhmilch und halbflüssige Butter. Es bekommt Nahrung, wann immer es will, ohne festen Plan.

Der Zeitpunkt, zu dem das Kind seinen Namen erhält, wechselt von Familie zu Familie. In manchen Fällen erfolgt die erste Namengebung bereits in frühester Kindheit. Bei der damit verbundenen Zeremonie werden der Mutter und dem Kind die Köpfe geschoren und ein Lamm geschlachtet. Zwischen dem achten und zwölften Lebensjahr wählt man einen zweiten Namen, der dem ersten hinzugefügt wird. Bei einigen Familien ist es Brauch, aus diesem Anlaß einen Bullen zu schlachten und sein Fell so zu enthaaren und zu gerben, daß der Schwanz unversehrt bleibt. Zur Erinnerung bewahrt die Familie des Kindes dieses Fell auf.

Beide Namengebungszeremonien werden im allgemeinen von einem farbenfrohen Treiben begleitet. Die Mutter legt ihre schönsten Kleider an, weiches, mit Perlen verziertes Lamm- oder Ziegenleder, Perlenketten und Ohrringe, dazu zeigt sie eine auffällige Ockerbemalung. Frauen und Ältere nehmen an der Wahl des Namens teil. Nachdem entschieden ist, welchen Namen das Kind tragen soll, segnen sie es mit den Worten: »Möge dieser Name in dir wohnen.« Die Familie des Kindes und die Gäste antworten darauf mit *Naaii* (»Ja, Herr«). An diesem und am folgenden Abend verschließt die Mutter den Eingang des Kraals mit Ästen, an denen noch grüne Blätter hängen. Die Äste wurden eigens zu diesem Zwecke von einem heiligen Baum, etwa dem afrikanischen Ölbaum, geschnitten. Am Morgen, bevor die Herden den Kraal verlassen, entfernt die Mutter die Äste wieder.

Für das Baby sorgt hauptsächlich die Mutter, daneben aber auch ihre Töchter und die Großmütter der Gemeinschaft. Sie beschäftigen sich mit dem Kind, lachen mit ihm, kitzeln es, tanzen und heben es dabei hoch in die Luft, ganz nach der Tanzweise der Massai-Krieger. Die Mutter singt ihrem Kind vor:

Engonyakonya
Werde groß, mein Kind,
Yawa ingik aulo.
werde groß wie ein Berg,
Tabana Komerek
so groß wie der Meru,
Tabana Oldoinyo Keri,
so groß wie der Kenia,
Tabana Oldoinyo Oibor.
so groß wie der Kilimandscharo.
Tanapa minyi o ng'utunyi.
Hilf deiner Mutter und deinem Vater.

Wenn das Kind noch klein ist und gerade lernt, seine ersten Schritte zu tun, halten es die Frauen bei den Händen und singen:

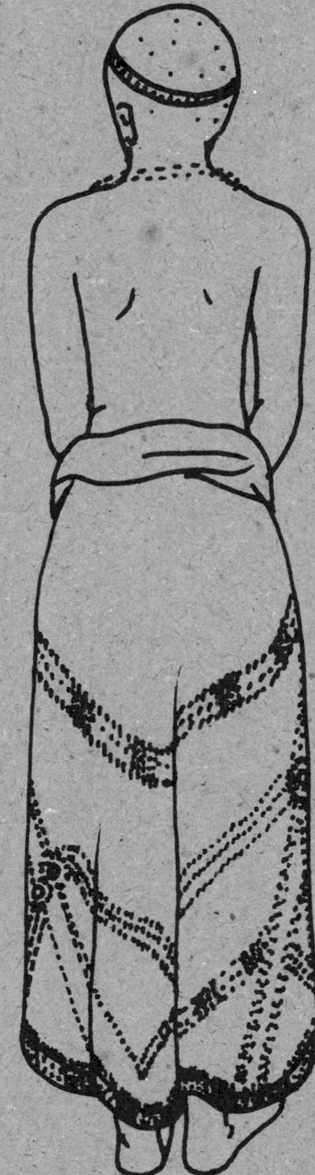

Perlenverzierter Rock aus Lammleder

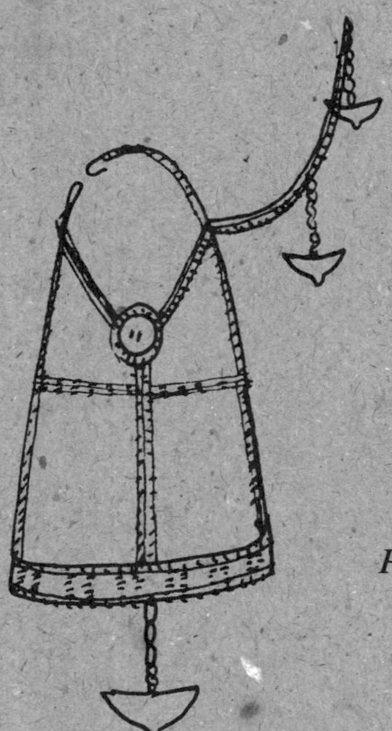

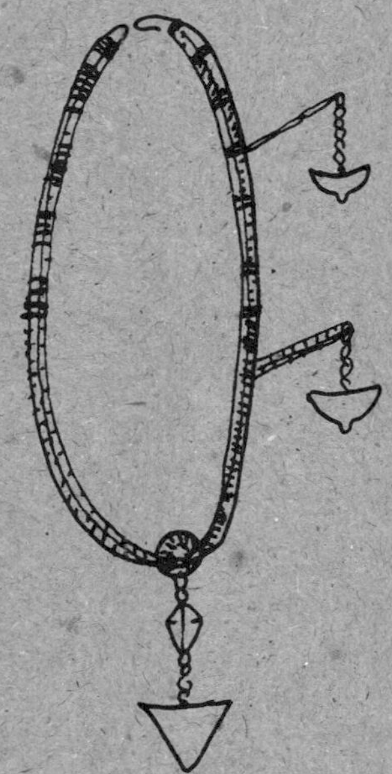

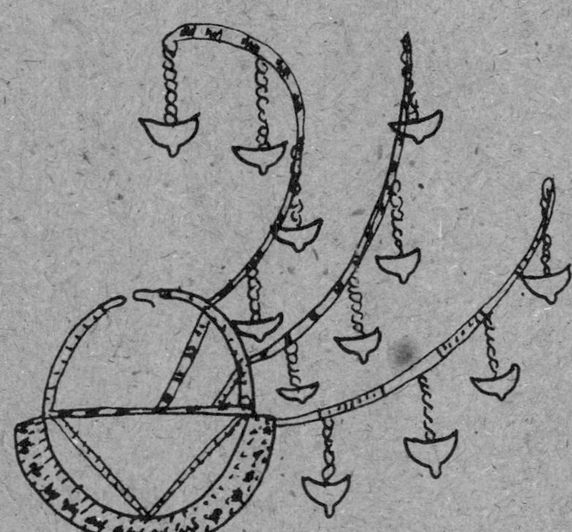

Perlenverzierte Ohrgehänge der Frauen

Tadotu dotu enginyi aaayai
Lauf, lauf, lauf, mein Kleiner,
Tadotu dotu enginyi aaayai.
komm wir laufen, mein Kleiner.
Mapeepe teteyai mapeepe teteyai.
Langsam, komm, wir laufen ganz langsam.

Während der ersten Phasen des Laufen- und Sprechenlernens hat das Kind unbeschränkten Kontakt mit allen Mitgliedern seiner Familie. Mit drei bis vier Jahren werden die Knaben dann ermuntert, sich mehr den Männern anzuschließen. Im allgemeinen aber bleibt die Erziehung beider Geschlechter auch in diesem Alter noch vorrangig eine Aufgabe der Frauen.

Oft sieht man in Massai-Dörfern einen drei- oder vierjährigen Jungen mit einem Stock in der Hand umherlaufen. Einstweilen ist dies nur ein symbolischer Ausdruck für seine spätere Tätigkeit, das Rinderhüten, welches er noch erlernen wird. Bald darauf sieht man in seiner Hand noch einen zweiten, längeren und an einem Ende zugespitzten Stab, der den Speer des Kriegers versinnbildlicht, denn von diesem Alter an richtet sich das Streben des Knaben immer mehr darauf, zum Krieger zu werden. Übrigens führt der spielerische Gebrauch dieser Stöcke oft zu kleinen Verletzungen.

Je mehr die Kinder heranwachsen, um so wichtiger wird ihnen das Singen. Sie lernen Lieder wie:

Eeweto engi shwang,
Unsere Rinder sind gekommen,
Olaram muje,
aber statt nach draußen zu gehen, sie zu begrüßen,
Narom telusie nemapung'oki.
spähe ich durch eine kleine Öffnung.

(»Eine kleine Öffnung« kann sich auf das Licht- und Luftloch in der Wand eines Hauses oder auf einen Spalt in der Kraalumfassung beziehen.)

Langsam werden sich die Kinder auch der Gefahren des Massai-Lebens bewußt. Herrscht etwa Dürre, gibt es keine Milch. Dann singen die Kinder:

Engai, taasha
O Gott, laß es regnen,
Maagorr esuate
auf daß ich nicht würgen muß
Olnjoni musana
an den zähen Fleischresten der alten Haut
Oorieki enguruon
mit der man sonst die Asche wegträgt
Lengaji oloiboni.
aus dem Haus des *Laibon*.

Wie alle Kinder spielen auch die kleinen Massai gerne. Die Jungen bauen kleine Kraale aus Erde, Dung und Steinen, in denen Kiesel oder Beeren Schafe und Rinder darstellen. Die kleinen Mädchen beschäftigen sich mit Puppen aus Lehm oder mit Murmeln aus Steinen. Gemeinsame Lieblingsspiele von Jungen und Mädchen sind Verstecken und ›Mann und Frau‹.

Die gesamte Gemeinschaft der Massai beteiligt sich an der Erziehung der Kinder. Man überträgt ihnen schon früh kleinere Aufgaben wie das Hüten von Lämmern, jungen Ziegen und Kälbern, tadelt sie aber kaum, wenn sie dabei nachlässig sind. Die Kinder lernen jedoch schon bald, zwischen Gut und Böse zu unterscheiden. Man hält sie dazu an, sich in der Gegenwart von Älteren oder anderen Personen, die Autorität genießen, richtig zu benehmen, denn in der Gemeinschaft darf jeder ein Kind strafen, das irgend etwas Unrechtes getan hat. Eine solche Strafe kann in einer Zurechtweisung oder in Prügel bestehen. Ein Kind dagegen, das sich durch gute Taten hervortut, etwa indem es die Lämmer und Ziegen aufmerksam hütet oder irgend jemandem hilft, kann mit einer Belohnung – vielleicht etwas Milch oder einem Stück Fleisch – rechnen.

Respektvolles Verhalten der Kinder ist eines der wichtigsten Erziehungsziele der Massai. Ein Kind wird belehrt, alle Älteren mit »Vater« und alle Frauen mit »Mutter« anzusprechen. Manchmal reden die Kinder die Erwachsenen als Eltern bestimmter Kinder an, so zum Beispiel *Koto Meto,* »Mutter von *Meto*«. Alle Älteren »Vater« zu nennen ist manchmal verwirrend, so etwa, wenn der Angesprochene mit anderen Älteren zusammensitzt. Dann heißt es: »Welchen ›Vater‹ meinst du denn?«, und das Kind muß auf den gemeinten deuten.

Ist ein Kind vier oder fünf Jahre alt, werden ihm von einer erfahrenen älteren Frau die zwei unteren Schneidezähne entfernt. Dies hat neben ästhetischen auch praktische Gründe, denn es ist nun möglich, das Kind zu ernähren, falls es einmal an Tetanus erkrankt und den Mund nicht öffnen kann. Bekommt das Kind seine zweiten Zähne, wird der Eingriff wiederholt. Im Alter von fünf bis sieben Jahren übernehmen die Mädchen kleine häusliche Aufgaben; so helfen sie etwa ihrer Mutter beim Brennholzsammeln und beim Reinigen der Kalebassen. Die Jungen dieses Alters versorgen die älteren Kälber und werden gelegentlich auch schon von Erwachsenen zum Rinderhüten mitgenommen.

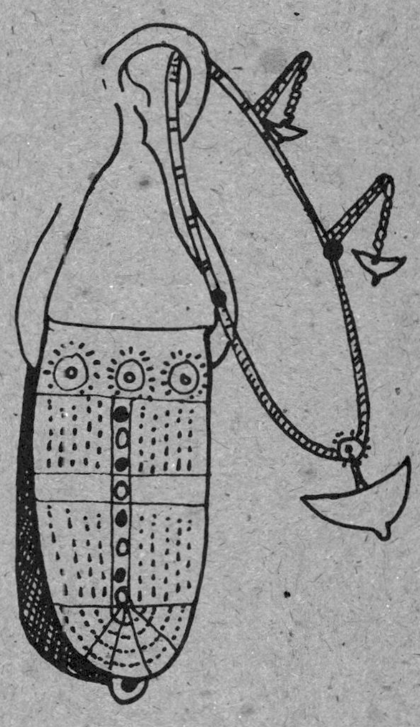

Mit sieben oder acht Jahren durchbohrt man den Jungen und Mädchen den unteren Teil des rechten Ohres, und kurz darauf, nachdem die Wunde verheilt ist, auf die gleiche Weise auch das linke Ohr. Ein oder zwei Jahre später werden die Ohrläppchen mit größeren Löchern versehen, in die man Holzpflöcke zur weiteren Dehnung steckt, denn große Ohrläppchen gelten den Massai als Schönheitsideal. Sind die Jugendlichen herangewachsen, können sie sich dekorative Muster *(Ilkigerot)* auf Brust und Bauch einbrennen oder einritzen lassen. Dies ist allerdings keine Verpflichtung, sondern bleibt dem persönlichen Geschmack überlassen.

Auch im Alter von sieben bis neun Jahren spielen die Kinder noch viel miteinander. Bei einem dieser Spiele, *Engilaut* genannt, muß ein Kind über einen waagerechten Stock springen, der von zwei Kameraden gehalten und langsam immer höher gehoben wird. Die Kinder bewerfen einander auch gerne mit Mist. Des Abends spielen sie Krieger und Löwe: Sie tun so, als habe ein Löwe die Herde angegriffen und als seien sie die Krieger, die ihn verfolgen.

Die Mädchen zwischen neun und zwölf Jahren beginnen sich mehr und mehr den Kriegern anzuschließen und weniger mit den gleichaltrigen Knaben zu verkehren. Sie dürfen sich jetzt Freunde und sogar Liebhaber unter den Kriegern suchen. Gemeinsam singen sie, dichten Lieder für ihre Freunde und schmücken sich mit Halsringen und weichen Lederhäuten, die beide mit importierten Glasperlen verziert sind. Die Mädchen und Frauen fertigen sich ihre Halsringe aus Draht oder Sehnen meist selbst an, wobei sie in der Ausführung der jeweiligen Mode folgen. In die Lederhäute stechen sie mit selbstgefertigten Nadeln Löcher und ziehen dann Perlenschnüre hindurch, so daß dekorative Muster entstehen. In diesem Alter melken die Mädchen auch die Kühe, holen Wasser, sammeln Brennholz, bessern das Haus aus und hüten sogar Schafe und Kälber, wenn es ihrer Familie an Söhnen mangelt.

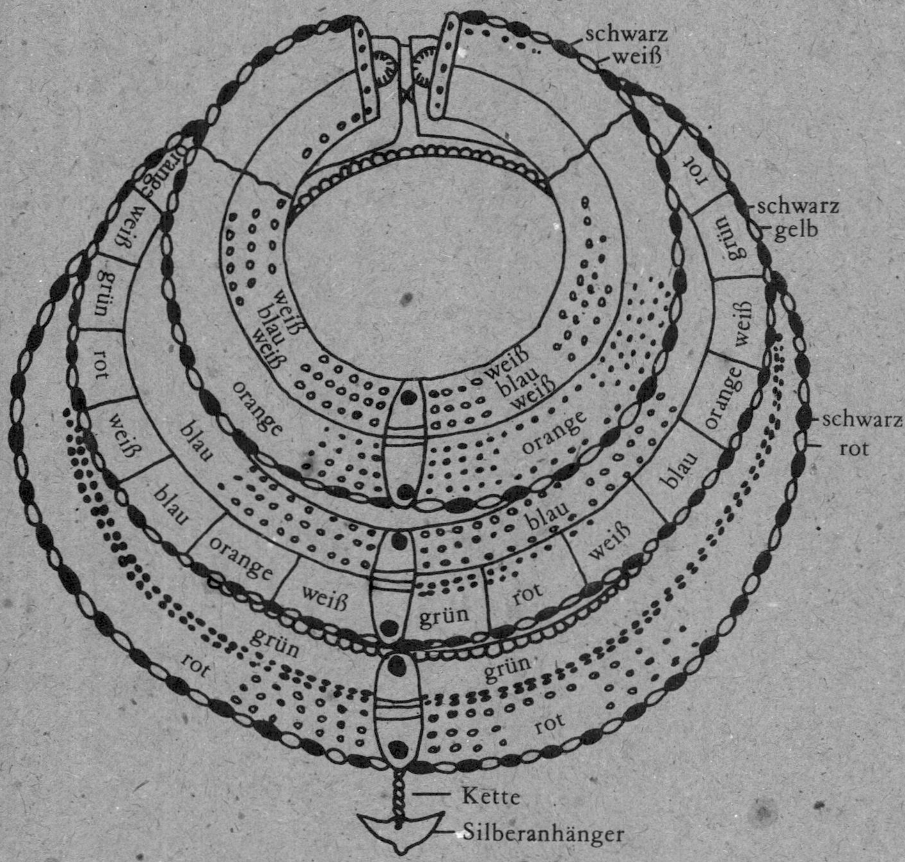

Die Farben eines typischen Perlenhalsringes

Die Spiele der Jungen im Alter von neun bis zwölf verändern allmählich ihren kindlichen Charakter. Es sind im Grunde zwar noch die gleichen Spiele wie zuvor, doch werden sie jetzt rauher und härter. Meist finden sie nachts im hellen Mondschein mitten im Kraal statt. Das erhöht die Gefahr, denn dort schläft die Herde, die jeden Moment aufschrecken, durchgehen und die Jugendlichen unter ihren Hufen zertrampeln kann. In Neumondnächten versammeln sich die Jungen und Mädchen in den Häusern und lauschen den Legenden aus alten Tagen.

Geschichten werden nur nachts erzählt, denn man glaubt, daß am Tage diese Art der Unterhaltung den Verlust von Vieh nach sich zieht. Wenn die Rinder wohl verwahrt, die Kälber, Ziegen und Zicklein in ihren getrennten Gehegen untergebracht sind und alle gegessen haben, begeben sich die Kinder zu dem Haus einer Frau, die als gute Erzählerin bekannt ist. Dort sitzen sie dann stundenlang im Feuerschein und lauschen alten Geschichten und Legenden, wie etwa der folgenden:

Eines Tages befahl *Natero Kop,* der erste Mensch auf Erden, dem Urvater der Massai, *Leeyo,* er solle dann, wenn ein Kind des Stammes gestorben sei, dessen Leiche begraben und ausrufen: »Mensch, sterbe und kehre wieder. Mond, sterbe und bleibe weg.« Das nächste Kind des Stammes, das starb, war aber nicht sein eigenes, und so kümmerte sich *Leeyo* nicht um die Anweisung und sagte sich: »Dieses Kind ist nicht von mir. Wenn ich es begrabe, werde ich rufen, ›Mensch, sterbe und bleibe weg. Mond, sterbe und kehre wieder.‹« Dies tat er und ging nach Hause zurück. Einige

Zeit später lag dann auch eines von *Leeyos* eigenen Kindern im Sterben, und diesmal befolgte *Leeyo Natero Kops* Instruktionen und rief: »Mensch, sterbe und kehre wieder. Mond, sterbe und bleibe weg.« Aber *Natero Kop* erwiderte: »Es ist zu spät, durch deine Worte nach dem Tod des anderen Kindes hast du alles verdorben.« So kommt es, daß der Mensch nach seinem Tod nicht wiederkehrt, während der Mond nach seinem Untergang erneut aufersteht und immer für uns scheint.

Von den zahlreichen verschiedenen mündlichen Überlieferungen über den Ursprung der Massai ist die folgende Version besonders verbreitet:

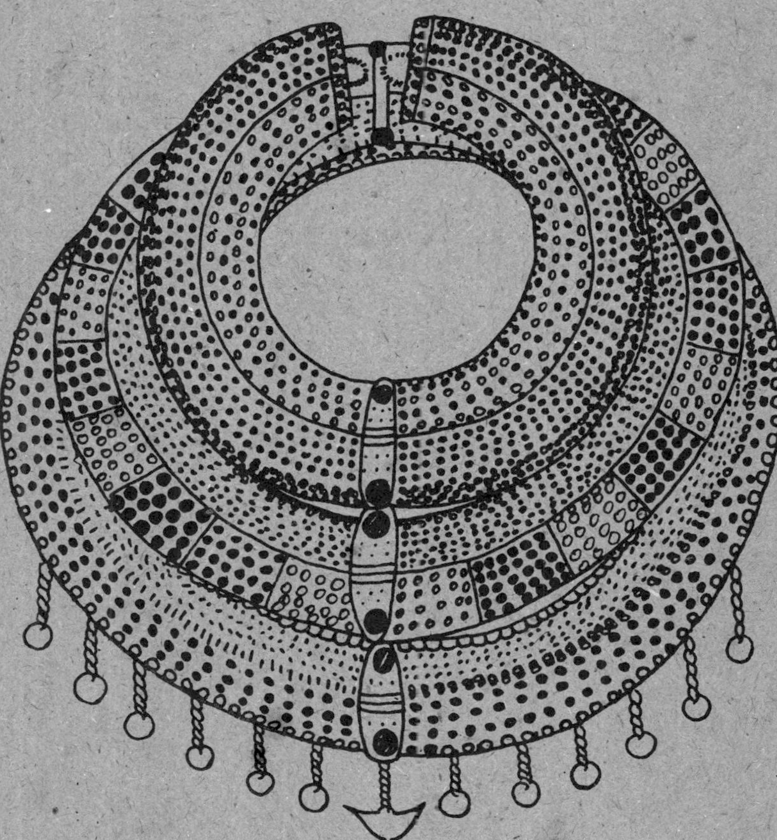

Als *Leeyo* alt war und im Sterben lag, rief er seine beiden Söhne zu sich und sagte ihnen: »Meine Kinder, ich bin jetzt sehr alt. Ich will euch Lebewohl sagen.« Dann fragte er seinen älteren Sohn, was dieser von seinen reichen Besitztümern haben wolle. Der Sohn antwortete: »Ich will von allen Dingen dieser Erde etwas – einige Rinder, ein paar Ziegen und Schafe und einige Früchte.« »Da du etwas von allen Dingen dieser Erde willst«, erwiderte der alte Mann, »nimm ein paar Rinderherden, ein paar Ziegen und Schafe und einige Früchte, denn das ist viel.« Der ältere Sohn antwortete: »Sehr gut.«

Dann rief *Leeyo* seinen jüngeren Sohn und fragte ihn, was er als Erbe wolle. Dieser erwiderte: »Vater, ich würde gerne den Fächer in deiner Hand als Erinnerung an dich behalten.« *Leeyo* war von der Bescheidenheit seines Sohnes so gerührt, daß er ihn segnete und sprach: »Mein Kind, da du diesen Fächer gewählt hast, wird Gott dir Reichtum schenken, und du wirst Ansehen genießen im Volk deines Bruders.«

So kam es, daß der ältere Sohn etwas von allen Dingen dieser Erde erhielt. Seine Nachkommen sind die zahlreichen Bantu, die Getreide anbauen und auch ein paar Tiere halten. Die Nachkommen des jüngeren Bruders aber wurden die Ahnen des stolzen Volkes der Massai.

Wenn die Kinder vom Geschichtenerzählen genug haben, spielen sie häufig eines der zahlreichen Spiele, die man auch im Hause durchführen kann, da sie nicht viel Platz erfordern. Beim *Olengukuo*-Spiel z. B. versteckt jemand ein Stück Holzkohle in einer Hand, und die anderen müssen raten, in welcher es sich befindet. Der Mitspieler, der richtig rät, kommt als Nächster an die Reihe. Ein anderes Spiel heißt *Osiaj:* Ein Spieler wird als ›gerade‹ und ein anderer als ›ungerade‹ bezeichnet. Beide sitzen sich gegenüber, und jeder packt sich selbst entweder am rechten oder am linken Arm. Wenn beide den gleichen Arm ergreifen, hat der ›gerade‹ Spieler gewonnen, im anderen Fall der ›ungerade‹.

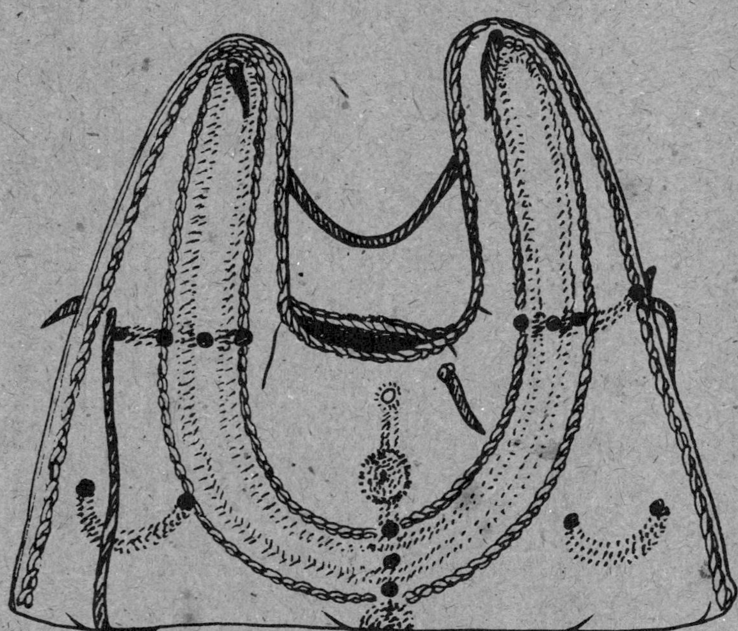

Olbene, *eine Tasche für die Hals- und Armreifen der Frauen*

Das aufregendste und schwierigste Spiel aber ist *Eloiyetia*, das Rätselraten. Hier einige Beispiele:

Frage: »Nenne mir vier große Wunder.«
Antwort: »a) Eine Kalebasse, denn sie trinkt nicht die Milch, die man in sie hineinschüttet.
b) Eine Schlange, denn sie bewegt sich ohne Beine.
c) Das Wasser, denn es reist, obwohl es keine Beine hat.
d) Ein Stuhl, denn er hat Beine und läuft doch nicht.«
F.: »Wem gleicht deine Mutter, wenn sie lang ist und doch nicht an das Euter eines Schafes reicht?«
A.: »Der Straße.«
F.: »Deine Mutter gebraucht unflätige Worte, während sie durch den Kraal geht. Wem gleicht sie?«
A.: »Einer Frau, die Kaugummi kaut.« (Als ›Kaugummi‹ wird hier eine Substanz bezeichnet, die die Massai aus dem Harz bestimmter Bäume gewinnen.)
F.: »Was ist das wichtigste Ding im Leben?«
A.: »Der Magen.«
F.: »Wie viele Arten von Bäumen gibt es in deiner Heimat?«
A.: »Zwei, die trockenen und die grünen.«
F.: »Wen kann man niemals überholen?«
A.: »Den eigenen Schatten.«

Mit dem Beginn der Pubertät richten sich die Gedanken der Jungen und Mädchen immer mehr auf den Zeitpunkt, an dem sie in die Gemeinschaft der Erwachsenen aufgenommen werden. Sie verbringen endlose Stunden damit nachzuprüfen, ob ihre Schamhaare schon wachsen. Sie pflegen zu sagen: »Das Haar ist schon da, man sieht es aber nur in der Sonne.« Die Halbwüchsigen sondern sich oft von den Älteren, Frauen und Kriegern ab und bekämpfen sich mit Stöcken und Seilen. Das verursacht auch unter den Kleinen manchen Streit, denn die Kinder pflegen das Geschehen vom Rand des Kampfplatzes aus zu verfolgen und für die einen oder anderen Kämpfer Partei zu ergreifen. Auch die Hunde, deren Aufgabe es ist, Hyänen zu verjagen und die Viehherde zu beschützen, haben in dieser Zeit viel zu leiden: Die Jungen schlagen sie oft grausam, wenn sie sie beim Stehlen von Futter oder bei anderen Unarten erwischen.

In ihrer untergeordneten gesellschaftlichen Stellung wünschen sich die Jugendlichen nichts sehnlicher, als endlich Krieger zu werden. Zwar sind sie schon groß genug, um wichtige Pflichten wahrzunehmen, wie etwa die Rinder zu weit entfernten Weidegründen zu treiben, es bleibt ihnen aber doch verwehrt, sich wie Krieger zu kleiden, sich bunte Schmuckstücke in die Ohrläppchen zu stecken und den langen Kriegerspeer zu tragen. Statt dessen müssen sie sich mit einem einfachen Umhang begnügen, der nur wenig oder sehr einfach geschmückt ist. Sie dürfen sich auch nicht mit Ocker bemalen und tragen nur einen Speer mit kurzer Spitze. Obwohl ihnen geschlechtliche Kontakte verboten sind und sie nicht einmal die Mädchen der Krieger ansehen sollen, versuchen sie doch oft des Nachts zu den Mädchen zu schleichen.

Die unbeschnittenen halbwüchsigen Mädchen treffen sich regelmäßig mit den Kriegern und besuchen sie in ihren Lagern, den *Manyattas*. Sie sind der Stolz der Krieger, die bei ihrem Namen schwören und ihre Freundinnen bei allen Gelegenheiten erwähnen. So wird ein Krieger, wenn er etwas hinfallen läßt, z. B. sagen: »Ich liebe *Tikako*.« Selbst in einem der bedeutendsten Augenblicke seines Manneslebens, wenn er einen Löwen erlegt, wird ein Krieger neben dem Namen seines Vaters stets den seiner Geliebten rufen.

Die heranreifenden Mädchen erlernen unter der Anleitung ihrer Mutter auch alle als weiblich angesehenen Fertigkeiten: zu kochen, zu nähen, das Haus sauber zu halten und für die Kinder zu sorgen. Haben sie keine Brüder, müssen sie außerdem Rinder hüten, eine Tätigkeit, gegen die die meisten Frauen eine große Abneigung hegen. Mädchen zwischen zwölf und sechzehn dürfen den oberen Teil ihrer Ohren mit Perlenringen schmücken und auch kunstvolle Halsringe tragen; verboten ist es ihnen, die Ohrläppchen zu zieren oder den großen Metallring *(Emonyorit)* und den Messingspiralenschmuck *(Isurutia)* zu tragen, denn diese Schmuckstücke bleiben den älteren Frauen vorbehalten.

Unbeschnittene Jungen dürfen nur mit besonderer Erlaubnis der Krieger eigene Versammlungen abhalten. Ertappt man sie bei unerlaubten Zusammenkünften, erhalten sie Schläge und werden auseinandergetrieben. Krieger und Jugendliche kommen nicht gut miteinander aus: Die Krieger suchen immer nach einem Grund, um die Jungen prügeln zu können. Ein Junge, der von einem Krieger geschlagen wird, darf sich nicht wehren. Tut er es trotzdem, müssen alle Jungen in der näheren Umgebung mit ihm dafür büßen.

Die halbwüchsigen Jungen verbringen praktisch ihre gesamte Zeit mit Rinderhüten. Manchmal versuchen sie, eine Krankheit vorzutäuschen, um sich einmal ausruhen zu können, aber meist ohne Erfolg, denn wenn die Krieger Verdacht schöpfen, verabreichen sie dem Simulanten die bitterste Medizin, die sie auftreiben können. Der betreffende Junge wird dann meist lieber mit dem Vieh hinausziehen, als eine solche Arznei zu sich nehmen.

Die Knaben leisten einen wichtigen Beitrag zur Erhaltung und Pflege der Viehherden. Als echter Massai ist ein Jugendlicher von klein auf gewohnt, die Rinder nicht nur als materiellen Reichtum, sondern gleichsam auch als Erweiterung seiner selbst zu betrachten. Er ist sich klar darüber, wie notwendig es ist, alles über die Tiere zu lernen. So wird er, wenn er ein scharfes Auge hat, ein krankes Rind schon am Zustand des Fells erkennen können. Er diagnostiziert dann aufgrund bestimmter Symptome die Art der Krankheit; beispielsweise zeigt eine Schwellung der Lymphdrüsen das berüchtigte Ostküstenfieber an. Er wird dann das Tier vom Rest der Herde trennen, um eine Ausbreitung der Seuche zu verhindern, und danach Maßnahmen zur Heilung ergreifen.

Ein jugendlicher Massai muß auch bemerken, wenn Rinder in der Herde fehlen, aber nicht indem er sie einzeln abzählt, sondern indem er die Abwesenheit eines Tieres spürt, etwa so, wie man die Abwesenheit eines Freundes fühlt. Aus dem Schatz seiner eigenen reichen Hirtenerfahrung schöpfend, hat ihn sein Vater über den Aufbau der Herde aufgeklärt: Er hat ihm erläutert, welche Tiere sich immer am Ende der Herde aufhalten, welche die Flanken bevorzugen und welche stets an der Spitze bleiben. Hält der Hirte nun nach fehlenden Tieren Ausschau, muß er vor allem auf das Ende und die Seiten der Herde achten, denn die dort grasenden Rinder können leichter zurückbleiben und verlorengehen als die anderen; zudem sind sie den Angriffen von Raubtieren am ehesten ausgesetzt.

Ein Junge lernt auch, wie wichtig es ist, wachsam zu bleiben: Man kann im Busch die gesamte Herde verlieren, wenn man einschläft. Ist ein Junge wachsam, kann er auch genau sagen, wann er welches Tier zum letzten Mal gesehen hat und so denjenigen behilflich sein, die nach einem vermißten Rind suchen. Jeder Hirte, der die Spur seiner Herde verliert, wird dafür getadelt, ein Jugendlicher bekommt dazu noch Schläge. Für einen Erwachsenen ist es eine große Schande, Rinder zu verlieren. Die meisten Erwachsenen, Krieger wie auch Ältere, setzen sich deshalb kaum einmal hin, wenn sie eine Herde hüten, um unter gar keinen Umständen in diese schmachvolle Lage zu geraten.

Ein Massai-Jugendlicher, der das Rinderhüten lernt, muß auch wissen, wie er seine Herde vor Raubtieren schützen kann. Ein Vater wird sich vergewissern, daß sein Sohn die Feinde des Viehs wie Hyänen, Leoparden und natürlich Löwen rechtzeitig zu erkennen vermag. Er muß ihre Spuren lesen und auch ihre Stimmen deuten können und wissen, wie er sich ihnen nähern muß, ohne von ihnen entdeckt zu werden. Der Junge muß genau sagen können, welche Wildtiere an einer bestimmten Stelle waren, bevor er seine Rinder dort vorbeitreibt. Sein Vater wird ihm Fragen stellen wie: »Welcher Kot macht die Rinder unruhig, wenn sie ihn sehen oder riechen?« und der Sohn muß antworten: »Der von Löwen und von Straußen.« Wenn die Herde angegriffen wird und der Junge sie nicht allein verteidigen kann, muß er so schnell wie möglich nach Hause laufen und die Gefahr melden. Sein besonderer Alarmschrei wird von den Beschützern des Massai-Landes, den Kriegern, mit Sicherheit schnell beantwortet.

Mit etwa sechzehn Jahren drängen die Jugendlichen immer ungeduldiger darauf, durch die Beschneidungszeremonie in die Reihen der Erwachsenen aufgenommen zu werden. Als Demonstration ihrer Reife und ihrer Fähigkeit, von den alternden Kriegern die Pflicht zum Schutz des Massai-Landes zu übernehmen, widmen sie sich mit großem Eifer der Jagd. Alleine und in Gruppen, nur mit Speeren bewaffnet,

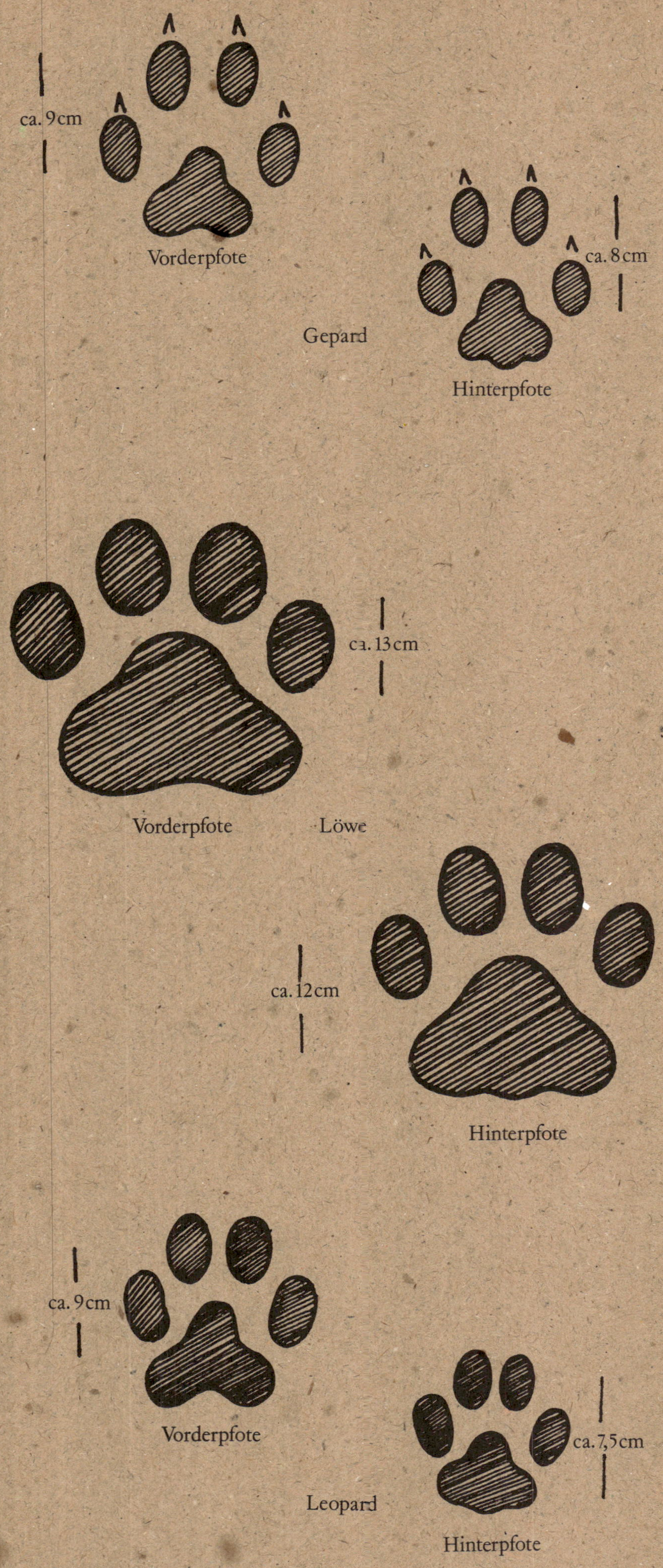

Spuren von Gepard, Löwe und Leopard

verfolgen und töten sie Büffel, Elefanten, Nashörner und Löwen. Nachdem sie so bewiesen haben, daß sie stark, verläßlich und kühn genug sind, ihr Volk zu verteidigen, wenden sie sich an die jüngeren Angehörigen des Älterenstandes, die ihnen bei der Beschneidung gewissermaßen als ›Paten‹ beistehen werden. Diese Erwachsenen nennt man die »Reibholz-Älteren«, weil sie es sind, die am Beschneidungstag das rituelle Feuer entzünden werden. Die Jugendlichen drängen sie, sich an den *Laibon* zu wenden und ihn zu bitten, eine neue Beschneidungsperiode zu eröffnen. Die Älteren entscheiden darüber, ob ihr Volk neue Krieger benötigt und ob die Zahl der Jugendlichen ausreicht, um das Massai-Land wirksam zu schützen.

Erteilen sie die Zustimmung, beginnt die Zeremonie des *Embolata Olkiteng*, wörtlich: »den Stier bei den Hörnern packen«. Sie wird allerdings nur von einem Stamm durchgeführt, von den *Ilkeekonyokie*. Dabei beweisen die Halbwüchsigen abermals ihre Stärke und Reife, indem sie einen jungen Bullen mit bloßen Händen zu Boden ringen. Damit beginnt für alle Massai eine neue Beschneidungsperiode, die drei bis vier Jahre andauert.

Dem Eröffnungsritual folgt die *Alamal Lengipaata*-Zeremonie, die im ganzen Land gefeiert wird und dem formellen Eintritt der Jugendlichen in den Männerstand unmittelbar vorausgeht. Zuvor wählen die Knaben unter den Altersgenossen ihrer Väter einen *Laibon*, der ihnen bei allen wichtigen Entscheidungen helfen soll. Dieser *Laibon* sucht für sie einen neuen Generationsnamen aus, der an die Stelle der alten, bis dahin gültigen Bezeichnung *Ilayok* (»Jugend«) tritt, und segnet sie mit dem Wunsch, daß sie gedeihen mögen. Der neue Name begleitet alle Knaben, die innerhalb der nun beginnenden Beschneidungsperiode die Manneswürde erlangen, während ihrer gesamten Kriegerzeit. Erst wenn sie in den Älterenstand überwechseln, tritt eine neue Generationsbezeichnung an seine Stelle.

Die *Alamal Lengipaata*-Zeremonie beginnt mit einer würdevollen Prozession der Jugendlichen. Sie tragen nun die Zeichen des Kriegerstandes, nach denen sie sich so lange gesehnt haben, den Kopfputz aus Straußenfedern und ockergefärbtes Haar. Ihre Körper sind mit weißer Kalkfarbe *(Enturoto)* bemalt, und die Freundinnen der älteren Krieger begleiten sie. Nach der Prozession verlassen die Jungen den Kraal und verbringen die Nacht im Freien. Sie lagern unter dem Sternenhimmel in der Nähe eines Gewässers, ohne Zaun oder Speere, die ihnen als Schutz dienen könnten. Ausgelassen singen und feiern sie unter den beständigen Segenswünschen des *Laibon* und der Älteren, die sich eingefunden haben, um der Feier beizuwohnen.

In dieser Phase des Übergangs in den Kriegerstand dürfen die Jugendlichen Ratsversammlungen abhalten, ihre Angelegenheiten gemeinsam besprechen und mit Hilfe der »Reibholz-Älteren« Entscheidungen fällen. Sie diskutieren ausführlich und sehr ernsthaft über die Pflichten und Rechte des immer näher rückenden Kriegerstandes. Aus ihren Reihen bestellen sie den *Alaigwanani,* der von nun an bei all ihren Zusammenkünften den Vorsitz führt, die Gruppe gegenüber den »Reibholz-Älteren« vertritt und deren Ratschläge seinen Kameraden übermittelt. Die Jugendlichen wählen einen Altersgenossen in dieses Amt, der sich in seiner Kindheit und Jugend durch besondere Fähigkeiten ausgezeichnet hat. Er mag ein großer Redner sein, einen scharfen Verstand besitzen oder als besonders tapfer, freundlich oder großzügig gelten. Er bewirbt sich nicht selbst um seine Würde, sondern wird ohne sein Wissen bestimmt. Als Zeichen seiner Wahl erhält er eine junge Kuh und eine schwarze Keule, Geschenke, die ihm als persönliches Eigentum bleiben. Von diesem Zeitpunkt an bis zur Beschneidung bringen die Kameraden dem Gewählten die höchste Achtung entgegen. Gelegentlich schwören sie sogar bei seinem Namen – etwa so: » Um *Ng'ataits* willen, ich habe das nicht getan«. Ein solcher Schwur wiegt schwer, denn niemand würde es wagen, den Namen seines *Alaigwanani* zu mißbrauchen. Sind die Jungen mit dem Gewählten zufrieden, bleibt er auch nach der Initiation bis zum Ende der Kriegerzeit ihr Führer. Sie können ihn aber auch durch einen anderen ersetzen, wenn er ihre Erwartungen nicht erfüllt. Der *Alaigwanani* muß an allen Zeremonien und Versammlungen teilnehmen, die in der näheren Umgebung stattfinden, und jeder begegnet ihm mit größtem Respekt.

Bald nach der *Alamal Lengipaata*-Zeremonie beginnen die Beschneidungen, und zwar zunächst bei den älteren Jugendlichen. Jede Familie kann den Zeitpunkt der Beschneidung ihres Sohnes selbst festsetzen; einige wählen ein möglichst frühes Datum, andere warten ab. Nach drei oder vier Jahren beendet der *Laibon* die Beschneidungsperiode durch die Verfluchung der Beschneidungsmesser: »Diese Messer sollen jeden töten, der nach diesem Tag beschnitten wird.« Die »Reibholz-Älteren« zerbrechen den *Olpiron,* den Symbolstab, der zum Entfachen der rituellen Beschneidungsfeuer diente. Die nächste Beschneidungsperiode kann erst wieder in etwa 15 Jahren eröffnet werden. Der *Laibon* segnet dann die Beschneidungsmesser erneut, und die Älteren binden den zerbrochenen Stock wieder zusammen.

Einige Stämme der Massai wie die *Ilpurko,* die *Iloitai* und die meisten Stämme in Kenia unterscheiden zwischen »rechtshändigen« und »linkshändigen« Beschneidungen. Wenn die Zeit der Beschneidung naht, teilt man die Jugendlichen nach ihrem Alter in zwei Gruppen. Die älteren werden zuerst initiiert und die »Gruppe der rechtshändigen Beschneidung« genannt. Sie bleiben sieben Jahre lang Krieger, dann werden die jüngeren, inzwischen herangewachsenen Jugendlichen zu Männern geweiht. Sie bilden die »Gruppe der linkshändigen Beschneidung«. Die »rechtshändigen« Krieger treten daraufhin in den Stand der jungen Älteren über, und die neuen, »linkshändigen« Krieger nehmen ihren Platz ein. Nach fünf oder sechs Jahren entwächst die jüngere Gruppe ebenfalls dem Kriegerstand, und beide Teilgruppen werden in der *Olngesherr*-Zeremonie wieder zu einer Generation vereinigt, der der Älteren. Die tansanischen Massai haben einen einheitlichen Kriegerstand und kennen die Aufspaltung in eine »rechts-« und eine »linkshändige« Gruppe nicht.

Mit der Beschneidung beginnt ein neues Leben – neue Kleidung und neuer Schmuck, neues Verhalten, neue Aktivitäten und vor allem eine neue Freiheit, die den Jugendlichen zuvor unbekannt war. Sie können jetzt mit Mädchen zusammentreffen und sexuelle Beziehungen aufnehmen. Sie können im Massai-Land umherschweifen, ohne ihre Eltern um Erlaubnis bitten zu müssen. Sie verfügen über mehr Mitspracherecht bei Entscheidungen und treten anderen Erwachsenen als Gleiche gegenüber, anstatt ihr Haupt im respektvollen Gruß des Kindes zu beugen. Und vor allem: Sie gewinnen jenes Selbstvertrauen, das nur der Massai-Krieger nach Erreichen seiner vollen Manneswürde kennt und genießt.

Die Kindheit ist bei den Massai eine Zeit großer Freiheit. Bis etwa zum siebten Lebensjahr haben die Jungen und Mädchen kaum irgendwelche Aufgaben. Sie spielen, eifern den Erwachsenen nach und üben sich in ihrer Muttersprache. Die Mädchen erlernen nach und nach die weiblichen Fertigkeiten – das Nähen von Kleidung, die Zubereitung der Nahrung, das Melken der Tiere, die Herstellung von Schmuck. Die Knaben üben sich im Laufen und Werfen; sie erwerben erste Kenntnisse über die Rinder und spielen Hirte. Kinder werden mit größter Liebe und Zärtlichkeit behandelt, nicht nur von den Eltern, sondern auch von den meisten anderen Erwachsenen. Das Selbstvertrauen späterer Tage reift in diesen jungen Jahren heran.

Massai-Väter verbringen viel Zeit mit ihren Kindern *(links),* und auch den kleinen Babys widmen sie sich mit großer Hingabe. Haben die Eltern andere Pflichten zu erfüllen, kümmert sich eine ältere Schwester um das Kind. Bei den Massai halten sich immer Erwachsene in der Nähe der Kleinen auf, auch wenn die Eltern einmal abwesend sind. Stets werden irgendwelche älteren Männer oder Frauen, ob Verwandte oder nicht, ein wachsames Auge auf die jüngsten Mitglieder ihres Kraals haben.

Auch bei den Massai drückt sich die Liebe der Mutter für ihr Kind in vielen Zärtlichkeiten aus. Die Kinder werden gestreichelt, geneckt, gesäugt und im Arm gehalten. Man ermuntert sie, ihre nähere Umgebung zu erforschen, denn so lernen sie allmählich das Leben der Gemeinschaft kennen. Als Zeichen der Wertschätzung, die sie in ihrer Familie genießen, werden schon die kleinsten Kinder mit Halsketten, Leibbändern und Armreifen geschmückt. Gelegentlich tragen sie auch Lederamulette, die vor Unheil schützen sollen.

Wie alle Kinder der Welt ahmen auch die kleinen Massai spielerisch die Erwachsenen nach, erfinden neue Arten des Zeitvertreibs und erproben ihre Körperkräfte mit Springen, Werfen, Purzelbaumschlagen und Kämpfen. *Oben links:* Drei kleine Kinder spielen Rinderhirte. *Oben rechts:* Ein Junge zeigt zwei kleineren das Rinderspiel. Die Steine stellen Kühe, Bullen und Ochsen dar, und der Kraal wird durch einen kleinen Erdwall angedeutet. *Unten links:* Eine Gruppe von Mädchen folgt ihrem Anführer, einem kleinen Jungen, der seinen großen Speerstock stolz vor sich herträgt. *Unten rechts:* Ältere Mädchen spielen mit kleinen Steinen Murmeln. *Auf der rechten Seite:* Ein durstiger Knirps leert die Milchkalebasse seiner Mutter bis auf den letzten Tropfen.

Während die Knaben lernen, wie man Tiere hütet, machen sich die Mädchen, sobald sie kräftig genug sind, um bei der täglichen Hausarbeit mithelfen zu können, mit den weiblichen Fertigkeiten vertraut. *Auf der linken Seite:* Ein Mädchen reinigt eine *Olmosori,* eine große Kalebasse, in der man Honigbier bereitet. Aus dem Behälter holt sie die wurstförmigen Früchte des *Kigelia Africana*-Baumes, die während des Gärungsprozesses im Bier lagen und nun ausgepreßt werden. *Oben:* Ein Mädchen schleppt eine aufgerollte Matte, *Esos* genannt, nach Hause. Mit solchen Grasmatten, die von Lederschnüren zusammengehalten werden, trennt man im Innern der Häuser Gehege für Jungtiere ab.

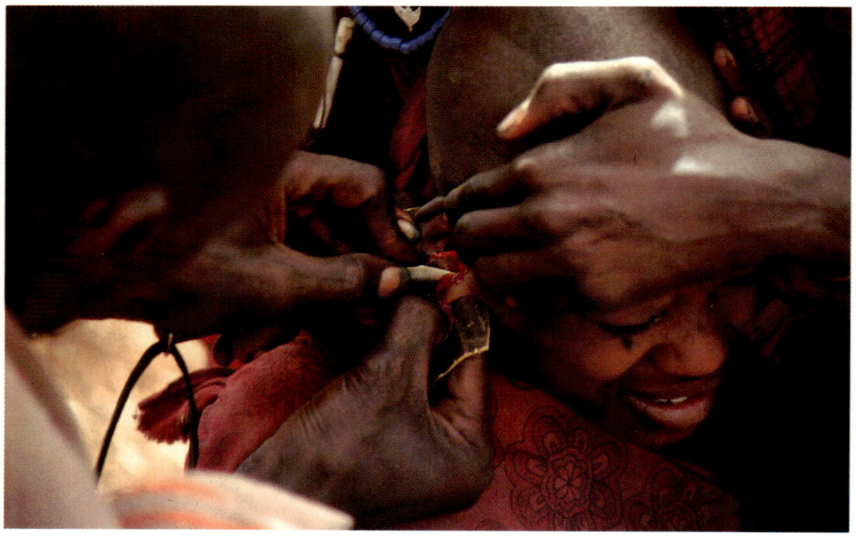

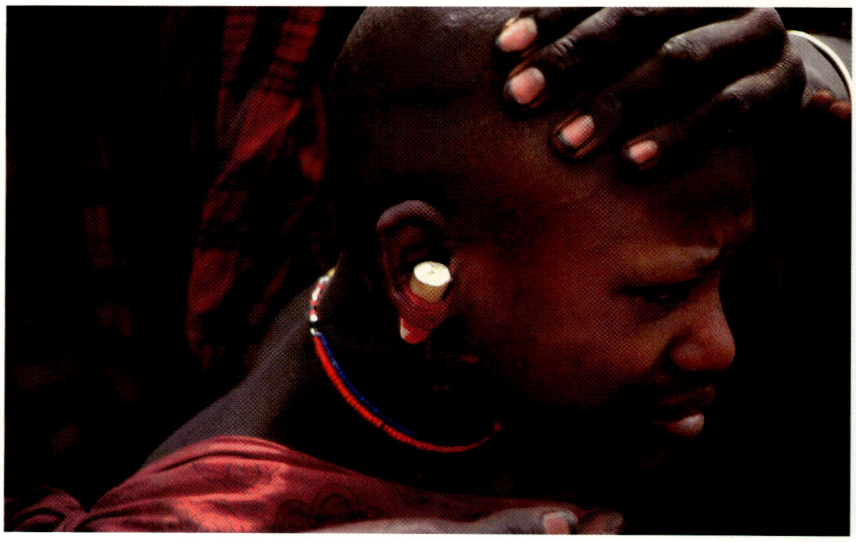

Die heranwachsenden Mädchen und Jungen der Massai fangen schon früh an, sich zu schmücken. Ihre Ohren lassen sie gewöhnlich vor der Beschneidung durchbohren – ein schmerzhafter Eingriff, hier gezeigt bei einem Mädchen. In das Ohrläppchen wird ein rundes Loch geschnitten, durch das man einen kleinen Holzpfropfen steckt. In den folgenden Monaten wird die Öffnung durch zusammengerollte Blätterbündel und größere Holzpflöcke immer weiter gedehnt. Das Ohr kann dann mit Perlenschnüren, Lederstreifen, Silber- und Kupferschmuck oder anderem Geschmeide behängt werden. Mit Tierfett vermischtes rotes Ocker ist das beliebteste Kosmetikum der Massai. Es wird auf die verschiedensten Körperteile aufgetragen – manchmal auch auf die Ohren der Mädchen.

Oben: Eine junge Frau mit einem Ohrschmuck aus langen Lederklappen singt für den Krieger ihres Herzens. *Rechts:* Ein Mädchen tanzt mit den Kriegern. Einige unter ihnen sind Angehörige der *Samburu,* eines Stammes, der in Sprache, Kleidung und Sitten eng mit den Massai verwandt ist.

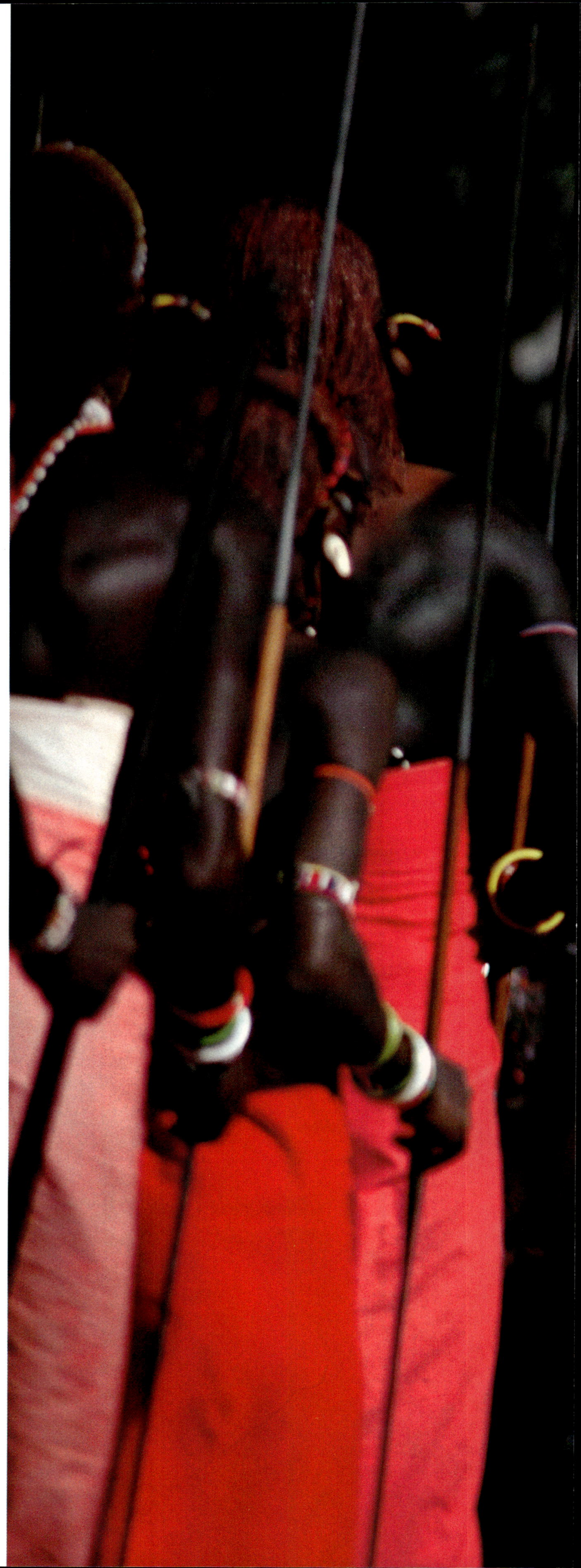

Emorata: die Beschneidung

Emorata, die Beschneidung, die Aufnahme eines Jungen oder Mädchens in die Welt der Erwachsenen, stellt für die Massai zugleich einen geistigen und einen körperlichen Prozeß dar. Die Massai glauben, daß der Jugendliche, der die Schmerzen des Eingriffs ohne Anzeichen von Angst übersteht, daraus als Mensch hervorgeht, der den Anforderungen des Lebens gewachsen ist. In der Beschneidungszeremonie wird der Jugendliche aufgefordert »zu erwachen«, d. h. die Kindheit hinter sich zu lassen und die Pflichten des Erwachsenendaseins auf sich zu nehmen.

Wie wir gesehen haben, träumt jeder Massai-Junge davon, so schnell wie möglich zum Mann zu werden. Den bereits beschnittenen Jugendlichen müssen ihre unbeschnittenen Altersgenossen den Respekt erweisen, der gegenüber Erwachsenen üblich ist. Die unbeschnittenen Knaben leiden unter dieser Zurücksetzung und so bitten sie ihre Eltern inständig um die Erlaubnis, in den Mannesstand eintreten zu dürfen. Für die Massai-Mädchen dagegen stellt sich die Beschneidung völlig anders dar, und es erscheint ihnen kaum begreiflich, daß ihre Eltern ihnen etwas so Schreckliches zumuten wollen. Für sie ist die Beschneidung gleichbedeutend mit dem Verlust ihrer Freiheit, denn kurz darauf folgt der Eintritt in das streng geregelte Leben einer Ehefrau. Sie dürfen sich nicht länger der Gesellschaft der Krieger erfreuen und können sich ihre Liebhaber nicht mehr frei wählen. Ihre Ehegatten sind stets weitaus älter als sie, denn Männer heiraten gewöhnlich erst im Alter von 26 bis 35 Jahren, wenn sie den Stand der Älteren erreicht haben.

Mädchen werden beim Erreichen der Pubertät oder kurz danach beschnitten. Im Unterschied zu den Knaben faßt man sie nicht in Altersklassen zusammen; die Beschneidungen erfolgen hier individuell, und die einzelnen Familien können den gewünschten Zeitpunkt selbst festlegen. Wird ein unbeschnittenes Mädchen schwanger, beschneidet man sie sofort, denn bei den Massai darf ein ›Kind‹ nicht Mutter werden. Herangereifte Mädchen vermeiden es deshalb im allgemeinen auch, während ihrer fruchtbaren Tage mit einem Liebhaber zu schlafen. Eine Schwangerschaft vor der Beschneidung ließe ihre ganze Familie in Verruf geraten. In der Vergangenheit pflegten einige *Laibon*-Familien in solchen Fällen sogar die Schuldige den Hyänen und Schakalen auszuliefern.

Die Beschneidung eines Jungen wird zwei Monate im voraus angekündigt, denn seine Familie benötigt viel Zeit für die umfangreichen Vorbereitungen. Sie muß verschiedene Dinge wie z. B. Straußenfedern, Honig und Wachs besorgen und einen besonderen Bullen für den Tag der Zeremonie auswählen. Weiter muß ein neues Haus für den Frischbeschnittenen gebaut oder wenigstens ein altes ausgebessert und wohnlich ausgestattet werden. Einige Einzelheiten können sich von Familie zu Familie und von Clan zu Clan etwas unterscheiden. Manche Familien führen beispielsweise die Beschneidung mittags im Zentrum des Kraals durch, andere dagegen frühmorgens am Haupteingang. Die Gemeinsamkeiten überwiegen in der Regel aber.

Ein allgemeiner Brauch ist es, für den Tag der Zeremonie Honig zu beschaffen. Früher war dies keine leichte Aufgabe, heute aber kaufen die meisten Leute den Honig einfach von den bienenzüchtenden *Ndorobo* oder von auswärtigen Händlern. Der Honig ist von großer Bedeutung, denn aus ihm braut man jenes Bier, das am Festtag von den Älteren und den Gästen getrunken wird. In der Vergangenheit mußten die Knaben, die auf die Beschneidung warteten, den Honig selbst sammeln, denn die Eltern waren der

Links: *Ein frisch beschnittener Junge trägt den Messingschmuck seiner Mutter, blaue Zeremonialperlen und einen grünen Grashalm, das Symbol für Fruchtbarkeit*

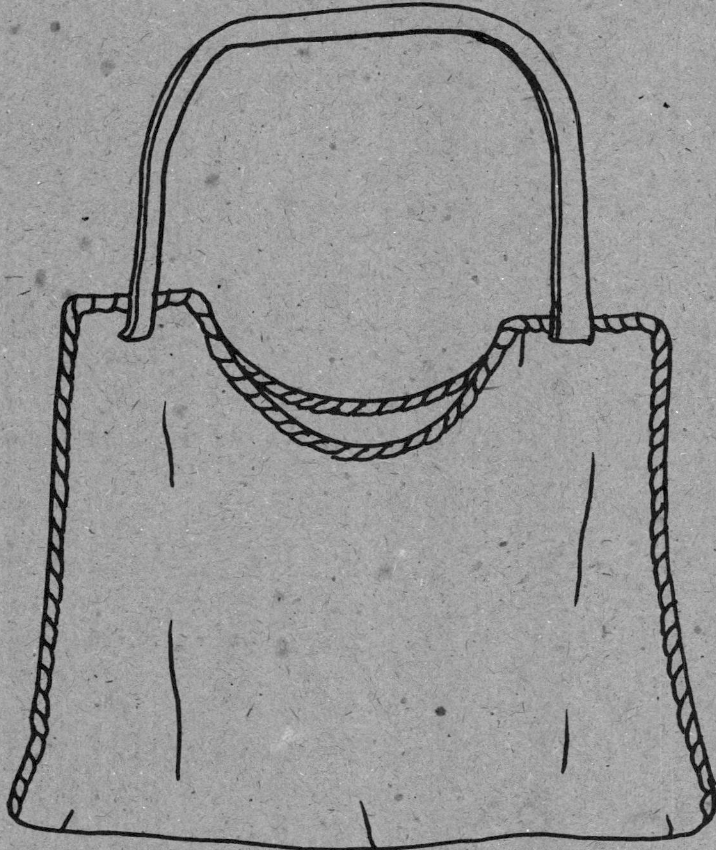

Lederbehälter für Honigbier

Meinung, ein Junge müsse auch dieser Herausforderung gewachsen sein. Folgende Geschichte erzählt von einem solchen Fall:

Ein herangewachsener Junge, der sich danach sehnte, die Manneswürde zu erlangen, wurde zum Honigsammeln ausgeschickt. Er entdeckte auch bald einen Bienenstock in einer Höhle am Rande einer steilen Felsklippe, zu der man aber nur unter großen Schwierigkeiten und Gefahren gelangen konnte. Der Junge holte deshalb ein Seil und ließ sich damit langsam und vorsichtig hinab. Die Klippe fiel so steil ab, daß ihm nur das Seil Halt bot. Auf seinem Rücken trug der Junge eine Ledertasche für den Honig, und in der einen Hand hielt er eine Fackel, mit der er die Bienen ausräuchern wollte. Er erreichte schließlich die Höhle, vertrieb die Bienen und füllte seine Tasche bis zum Rand mit Honig. Dann begann er mit dem Wiederaufstieg und zog sich am Seil höher und immer höher. Den rettenden Rand der Klippe hatte er schon beinahe erreicht, als das Unglück geschah: Noch während der Junge kletterte, hatte sich eine Hyäne herangeschlichen und damit begonnen, das Seil durchzunagen. Schließlich riß das Seil mit einem heftigen Ruck, und der Junge stürzte mitsamt der Hyäne in die Tiefe. Er war sofort tot.

Ist der Honig herbeigeschafft, kann es noch bis zu drei Wochen dauern, ehe daraus Bier gebraut ist. Zunächst vermischt man den Honig mit Wasser und verschiedenen Wurzeln, dann gießt man die Flüssigkeit in eine runde Kalebasse oder in einen speziellen Lederbehälter und stellt sie in die Nähe eines Herdfeuers, wo sie zwei Wochen lang unter ständiger Aufsicht gärt. In der dritten Woche wird das Bier gefiltert und in Krüge gefüllt. Ein besonderer Krug ist denjenigen Gästen vorbehalten, die der Familie als Geschenk Rinder mitbringen werden.

Jeder Junge muß sich vor seiner Beschneidung auch Straußenfedern und Wachs besorgen. Die Straußenfedern dienen zur Herstellung des Kopfputzes, und mit dem Wachs werden die Spitzen seiner neuen Pfeile abgedeckt, die er künftig als wertvollen Besitz immer bei sich tragen wird. Die Wachsverkleidung entschärft die Pfeilspitzen, und so kann der Jugendliche im Scherz auf die jungen Mädchen zielen, um ihnen ihre begehrten Fingerringe abzujagen.

Drei Tage vor der Beschneidung versammelt sich eine Gruppe von Älteren, die *Loongoroki,* und trinkt einen Teil des Honigbieres. Am folgenden Tag wird dem Jungen der Kopf rasiert und all sein Besitz verschenkt, denn er darf keinerlei Attribute aus seiner Jugendzeit behalten, wenn er die Kriegerwürde erwirbt. Dann reibt man ihn mit Butter ein und kleidet ihn in einen Lederumhang, wie ihn sonst nur die Frauen tragen.

Den Tag vor der Beschneidung verbringt der Junge mit der Suche nach einem jungen Olivenbaum *(Alatim),* der am

Tag darauf als Symbol seiner neuen Manneswürde an einer Seite des Hauses, in dem er nach der Operation ausruhen soll, eingepflanzt wird. Er trifft nun auch zum ersten Mal den Beschneider, den *Alamoratani.* Dieser Spezialist, oft ein *Ndorobo,* den man eigens für die Zeremonie herbeiholt, erhält für jede Beschneidung eine Ziege. Bei der ersten Begegnung überreicht der *Alamoratani* dem Knaben die speziell geformten Beschneidungsmesser, die der Junge selbst schärft und bis zum nächsten Tag verwahrt. Diese Vorsichtsmaßnahme soll verhindern, daß sich jemand, der ihm übelgesinnt ist, der Messer bemächtigt und sie abstumpft, um dem Jungen bei der Beschneidung größere Schmerzen zu bereiten. Bei einigen Massai-Stämmen hält man das Beschneidungsmesser eines Jungen, der heimlich mit einer bereits beschnittenen Frau geschlafen hat, für verflucht. Der Missetäter kann diesen Fluch nur aufheben, wenn er am Tag der Beschneidung seine Verfehlung eingesteht und seiner Familie und dem *Alamoratani* je eine Kuh zahlt. Außerdem muß er sich der Operation ohne den üblichen Beistand eines Helfers, der den Rücken stützt, unterziehen.

Am Tag vor der Beschneidung singen die bereits beschnittenen Jungen Lieder, die ihren unbeschnittenen Kameraden Mut machen sollen. Diese Gesänge sind oft recht derb:

Etesheka alayoni kirora, negil engineji emowarak, negil osilalei otoiyo nedung elajang'ak engutukie. Neeku ilengolong joyoroo. Kanyoo naitengid kimola enjabin alayok tururi.

Der Junge furzte, während wir schliefen, und der schreckliche Gestank brachte alle Fliegen um. Unter dem lauten Knall zerbrachen die Hörner der Ziegen und die dürren Bäume. Was macht ihn, der noch eine Vorhaut am Penis trägt, nur so stolz?

Sinn solcher Lieder ist es, die Kandidaten so zu kränken und aufzubringen, daß sie die Schmerzen der Beschneidung besser ertragen können. Einige Lieder schildern mit drastischen Worten, was geschehen würde, sollte ein Junge am nächsten Tag »das Messer wegstoßen«, also Angst zeigen. Die bereits beschnittenen Jungen quälen ihn dann; sie äffen ihn nach und pieksen ihn mit Pfeilen, die sie vorher mit stinkendem Wachs überzogen haben, in Nacken und Nasenlöcher. Manche Lieder sollen allerdings auch auf etwas freundlichere Art ermutigen:

Eiya ikiraposh engipa neiya isikitok endawo nimikinjoo ilkasiod oowap engejek endungi.

Feigling, dir werden die grauen farblosen Vögel gehören. Tapferer Mann, dein werden die rotgefiederten Turakos und die grünen Sperlingspapageien sein.

Honigbierkalebasse und wurstförmige Baumfrüchte, die man in das gärende Bier legt

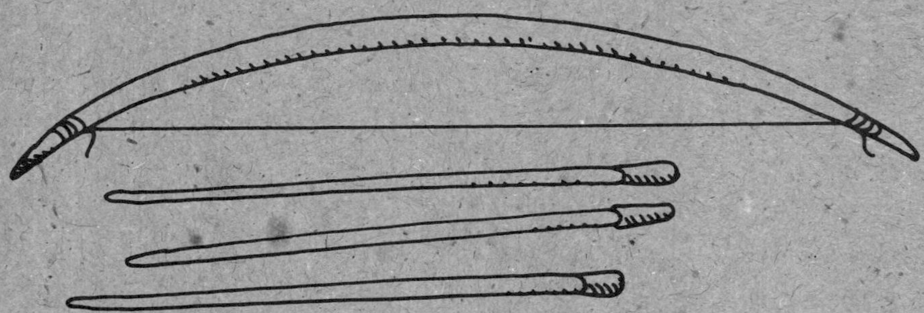

Bogen und Pfeile eines frisch beschnittenen Jugendlichen

Die Gesänge dauern an, bis die Zeit zum Schlafengehen naht. Die bereits beschnittenen Knaben ziehen sich nach und nach zurück, und der allein gelassene Kandidat sieht oft genug einer schlaflosen Nacht entgegen.

Bei Morgengrauen wecken die *Ispolio,* die jüngst beschnittenen Jugendlichen, den Kandidaten und singen ihm noch einmal ermutigende Lieder. Von seinen engsten Verwandten, die wie er gespannter Erwartung sind, muß er sich harte Worte anhören wie: »Geh nur und bereite uns Schande«, oder »Du bist dir hoffentlich klar darüber, Blut wird fließen und keine Milch«. Wenn die ersten Sonnenstrahlen auf die Hörner der Rinder scheinen, ruft man den Jungen zum Platz am Haupteingang des Kraals. Seine Mutter überreicht ihm als Sitzkissen das Fell eines makellosen, frisch geschlachteten Ochsen. Der Junge wird nun vollständig entkleidet und von einem nahen Verwandten von Kopf bis Fuß mit kaltem Wasser gewaschen. Das Wasser heißt *Engare Endolu,* wörtlich: »Axt-Wasser«, weil man es die Nacht über in einem Behälter aufbewahrte, den eine beigelegte Axtklinge kühl hielt. Die Waschung soll den Kandidaten symbolisch von allen Sünden reinigen, die er in seinem bisherigen Leben begangen hat. Die Kälte des Wassers stumpft auch etwas gegen die Schmerzen des nun folgenden Eingriffs ab.

Bereits eine Weile vor der Zeremonie ist ein Älterer bestimmt worden, der den Rücken des Knaben während der Beschneidung stützen soll. Es muß sich dabei um einen nahen Verwandten handeln, der als zuverlässig gilt. Eine Legende berichtet, einst habe ein solcher Helfer dem ihm Anvertrauten einen langen Dorn in den Rücken gestochen in der Hoffnung, dieser werde zusammenzucken, damit die Operation unterbrechen und so Schande auf sich laden. Der tapfere Junge aber hielt den Peinigungen bis zum Ende der Zeremonie stand. Erst dann klagte er den hinterlistigen Helfer an, der auch sogleich aufs härteste bestraft wurde.

Ist die Waschung beendet, begibt sich der Junge zum Beschneidungsplatz, der sich gewöhnlich in der Mitte des Kraals befindet. Dort läßt er sich, von seinem Helfer bereits erwartet, auf einem Fell nieder. Bald erscheint auch der Beschneider und hockt sich zwischen die weit gespreizten Beine des Kandidaten. Der Jüngling weiß, wie er sich während der Operation verhalten muß. Sobald er sich hingesetzt hat, darf er seine Position bis zum Ende der Zeremonie nicht mehr verändern. Von frühester Jugend an hat er geübt, ein unwillkürliches Zucken der Augenlider im Schmerz zu unterdrücken. Seine Freunde mußten ihn fest zwicken, und er versuchte, dabei starr geradeaus zu blicken, in der Überzeugung, er werde nach einer solchen Prüfung auch den Schmerzen der Beschneidung standhalten können. Hat der Junge seinen Platz eingenommen, besprengt der Beschneider sein Gesicht mit *Enturoto,* einer Mischung aus Wasser oder Milch mit einem kalkig weißen Mineral, die bei Segnungsritualen der Massai häufig Verwendung findet.

In dem Augenblick, wo die *Enturoto*-Mischung das Gesicht des Knaben benetzt, verkündet der Beschneider: »Ein Schnitt.« Diese Formel soll den Jungen warnen, denn unmittelbar darauf durchschneidet ein scharfes Messer seine Vorhaut. Um den Jungen haben sich inzwischen Männer aller Altersgruppen geschart, neben den Einheimischen auch Besucher, die eigens gekommen sind, um der Operation beizuwohnen und das Verhalten des Kandidaten zu beobachten. Bei einer Knabenbeschneidung dürfen nur Männer zusehen, bei einer Mädchenbeschneidung entsprechend nur Frauen. Der Eingriff dauert etwa fünf Minuten, dann verlangt der *Alamoratani* nach Milch, um den Jungen und das Messer damit zu reinigen. Die Milch muß von einer makellosen Kuh stammen, deren Kälber alle noch leben. Sie wird von der Mutter des Knaben besorgt, in einer besonderen Kalebasse aufbewahrt und zusammen mit einem Büschel grünem Gras dem Beschneider überreicht.

Wenn der Ruf nach Milch ertönt, löst sich die Spannung der vergangenen beiden Tage, die Anwesenden atmen erleichtert auf, und man hört die Lobesrufe der Verwandten des Jungen. Besondere Freude zeigt die Mutter, die vielleicht schon an die Schläge dachte, die ihr hätten drohen können, falls ihr Junge feige gewesen wäre. Das Geschehen wird mit Ausrufen wie: »Ich wußte, daß er es schaffen würde« kommentiert, oder, humorvoller, mit: »Er ist zu häßlich, um ein Feigling zu sein.« Nach Ansicht der Massai kann man nämlich nicht beides, häßlich und feige sein; Gott wäre nie so grausam, einer Person zwei derart schlechte Eigenschaften gleichzeitig zu verleihen.

Sobald der Beschnittene gereinigt ist, wird ihm befohlen: »Wach auf, du bist nun ein Mann.« In manchen Familien ist es Brauch, daß der Jüngling dann noch eine Weile sitzen bleibt und auf seine Verwandten wartet, die herbeieilen, um seine Tapferkeit zu bewundern und ihm Rinder als Geschenke darzubringen. In einem solchen Fall heißt es, der Junge weigere sich aufzuwachen, und die Verwandten kommen nacheinander zu ihm und sagen: »Wach auf, damit ich dir dieses oder jenes Tier schenken kann.« Ist der Junge der Meinung, er habe genug Rinder für seine Geduld und seinen Mut erhalten, steht er auf. Mit Unterstützung seines Helfers geht er langsam zum Haus seiner Mutter, um dort auszuruhen und seine Wunde zu pflegen.

Schreit ein Knabe während der Operation vor Schmerzen, schimpfen ihn die Zuschauer einen Feigling und weigern sich, von dem Fleisch, der Milch und dem Honigbier zu kosten, das die Eltern eigens für diesen Anlaß vorbereitet haben. Die monatelangen Anstrengungen waren dann umsonst. Man nennt den Jüngling jemanden, der »das Messer weggestoßen hat«. Er und seine Familie sind nun der allgemeinen Verachtung ausgesetzt. Der Vater und die Mutter werden angespien, weil sie einen solchen Feigling aufgezogen haben. Ihre Rinder erhalten Schläge, bis sie in wildem Schrecken den Zaun des Kraals durchbrechen. Auch der Junge muß eine tüchtige Tracht Prügel hinnehmen. Man speit ihm in sein Essen und zwingt ihn, es trotzdem aufzuessen. Feigheit bei der Beschneidung wird einem Jüngling noch lange vorgehalten, doch allmählich gerät seine bittere Schmach in Vergessenheit, und schließlich wird auch er als vollwertiger Mann akzeptiert.

Die Beschneidungszeremonie der Mädchen ähnelt in mancher Hinsicht der der Knaben, Wachs und Straußenfedern finden hier allerdings keine Verwendung, und es sind häufiger die Eltern und nicht die Mädchen selbst, die den Honig besorgen. Wie die Jungen müssen aber auch die Mädchen ihren Kopf scheren lassen und Kleidung und Schmuck der Jugendzeit für immer ablegen. Für Kandidaten beiderlei Geschlechts wird außerdem der Schößling eines *Alatim*-Baumes besorgt.

Bei der Mädchenbeschneidung, der *Klitoridektonomie,* werden die Klitoris und die kleinen Schamlippen entfernt. Eine Spezialistin, die man von außerhalb herbeiruft, führt die äußerst schmerzhafte Operation mit einem gekrümmten, sehr scharfen Messer durch. Die Beschneidung findet im Innern des Hauses der Mutter statt. Licht spendet eine Öffnung im Dach, die eigens zu diesem Zweck eingelassen wurde. Besonderen Mut erwartet man von den Mädchen nicht, und ihre Altersgenossinnen singen ihnen auch keine ermutigenden Lieder. Ebensowenig erfolgt eine Bestrafung, wenn ein Mädchen während der Operation schreit oder weint, es sei denn, es behindere dadurch den Eingriff. Sehr furchtsame Kandidatinnen, die versuchen, sich loszureißen, werden von den anwesenden Frauen festgehalten; reichen deren Kräfte nicht aus, ruft man einige Krieger zu Hilfe. Durchsteht ein Mädchen die Operation tapfer, fordert man sie gelegentlich spöttisch auf, doch zu schreien, um durch ihren Mut die Jungen nicht zu beschämen. Befolgt werden solche ›Empfehlungen‹ aber nur selten.

Eine beschnittene Frau erhält von ihren Verwandten zunächst Geschenke in Form von Vieh, meist weibliche Lämmer und Kälber, gelegentlich als Zeichen besonderer Ehrung auch Milchkühe. Gegen Abend führt man sie dann, in perlengeschmückte Ledergewänder gehüllt, aus dem Haus und präsentiert sie der Öffentlichkeit.

Hat sich der Junge oder das Mädchen nach der Beschneidung zur Erholung zurückgezogen, setzt ein reges Treiben ein: Einige Krieger schlachten einen Ochsen für das folgende Fest, andere mischen das Blut einer Kuh mit etwas saurer Milch. Dieser Trank, *Asaroi* genannt, bildet die erste Nahrung der frisch beschnittenen Jugendlichen. Prachtvoll gekleidete und reich geschmückte Krieger und Frauen strömen von nah und fern zu dem bevorstehenden Fest herbei. Eine Gruppe singender Krieger und Mädchen trägt den *Alatim*-Baum zu dem Haus, wo der Junge oder das Mädchen ruht. Einige Frauen pflanzen den Baum unter Lobgesängen ein, während andere, die mit der Familie eng befreundet sind, Kalebassen voller Milch als Geschenke bringen. Jeder feiert und tanzt, und die Älteren widmen sich ausgiebig dem Honigbier.

Während der Genesungszeit werden die frisch beschnittenen Jungen und Mädchen gut ernährt und sorgsam gepflegt. Als Getränk erhalten sie flüssiges Tierfett, das den Heilungsprozeß beschleunigen soll. Ein Junge verbringt noch einige Tage in der Gesellschaft seiner bereits früher beschnittenen Kameraden. Sie teilen mit ihm das Essen, unterhalten ihn und helfen ihm bei der Herstellung seines neuen Kopfputzes aus Straußenfedern und ausgestopften Vögeln sowie beim Einwachsen seiner Pfeile. Mädchen dagegen treffen während ihrer Genesungszeit nicht mit ihren Altersgenossinnen zusammen. Sie kleiden sich in Leder, das mit schwarzen Perlen verziert ist, und legen ein Stirnband an, dessen lange Metallketten oder Perlenbänder ihre Augen verdecken. Kein Fremder, vor allem kein männlicher, darf sie sehen oder mit ihnen sprechen. Sind ihre Wunden ausgeheilt, beginnen sie mit der Vorbereitung auf ihr Leben als Ehefrau.

Ist ein Junge so weit genesen, daß er wieder laufen kann, bemalen die Kameraden sein Gesicht mit weißer Farbe und führen ihn aus dem Haus. Er verbringt nun die Zeit damit, mit seinen Pfeilen im Scherz auf junge Mädchen zu schießen und Vögel für die Fertigung seines Kopfputzes zu jagen. Hat er sich in der Operation als tapferer Mann bewährt, darf er so farbenprächtige Tiere wie Turakos, Sperlingspapageien, Bartvögel und Honiganzeiger erlegen, hat er aber gejammert, muß er sich mit den gering geschätzten grauen Vögeln begnügen. Bald darauf begibt sich der Junge mit seinen Kameraden auf eine Wanderung durch das ganze Massai-Land, um andere Kraale zu besuchen, in denen ebenfalls Beschneidungen gefeiert werden.

Wohin die Neubeschnittenen auch kommen, überall heißt man sie gerne willkommen und speist sie reichlich, damit sie ihre Kräfte wiedererlangen. Die Genesenden dürfen sich nicht waschen, und ihre Hände sollen keinerlei Nahrung berühren, denn sie gelten als unrein. Sie müssen deshalb ihr Fleisch, daß man ihnen kleingeschnitten hat, mit spitzen Stäben aufspießen. Frisch beschnittene Knaben sind auffällig gekleidet; sie tragen kohle- und ölgeschwärzte Tierhäute oder andere, ebenfalls ölgetränkte schwarze Gewänder. An ihrem Stirnband oder ihren Schläfen befestigen sie die *Isurutia,* spiralförmige Schmuckstücke aus Messing. Gewöhnlich bleibt diese Zierde den Frauen vorbehalten, doch wird ein frisch beschnittener Knabe einer Frau, die gerade entbunden hat, gleichgesetzt: Beide gelten als schwach und pflegebedürftig.

Die neu beschnittenen Jugendlichen ziehen umher und ermuntern die Knaben, die noch auf ihre Beschneidung warten, mit den gleichen Gesängen, die einst ihnen selbst Mut machen sollten. So verbringen sie zwei oder drei Monate, bis ihre Wunden vollständig verheilt sind. Während dieser Zeit tragen sie schwarze Kleidung und lassen ihr Haar wachsen. Sie schneiden es erst wieder, wenn ihr neuer Kopfputz aus prächtigen, ausgestopften Vögeln vollendet ist. Zur Herstellung dieses Schmuckstückes werden schön gefiederte Vögel ausgenommen, mit Gras gefüllt und auf einem kreisförmigen Rahmen so befestigt, daß sie eine Art Krone bilden. Sind die Rahmen lückenlos mit Vögeln besetzt, wird den jungen Männern zum letzten Mal vor Erreichen des Älterenstandes der Kopf geschoren. Einige Stämme verbinden damit eine Übergangszeremonie *(Embolosata Olkiteng),* in der die Jünglinge von ihren ›Paten‹ gesegnet werden. Dann treten sie in eine neue Lebensphase ein.

Sie werden zu jungen Kriegern. Sie lassen ihr Haar lang wachsen und verbringen viel Zeit mit seiner Pflege. Alles, was sie nun tragen, muß völlig neu gefertigt sein, damit ihr neuer Lebensabschnitt auch äußerlich sichtbar wird. Sie legen ihren Kopfputz aus Vögeln und ihre schwarze Kleidung ab und tragen nun stolz die typische Haartracht des Kriegers sowie rote Togen, gefärbt mit Ocker, dem gleichen Farbstoff, mit dem sie nun auch ihre Körper bemalen. Ihre Eltern schenken ihnen neue, lange Speere, ihre Mütter und Freundinnen fertigen neuen Perlenschmuck für sie. Mit diesen neuen Farben, Kleidern, Halsketten und Ohrringen treten die beschnittenen Jünglinge nunmehr in den Kriegerstand ein.

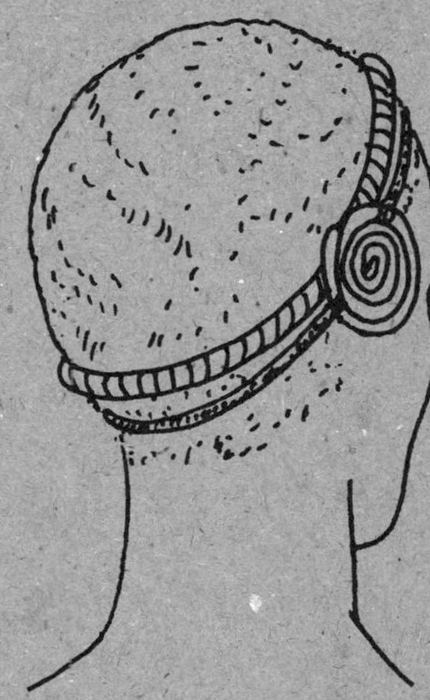

Der Spiralenschmuck aus Messing (Isurutia) *und das Stirnband aus blauen Perlen* (Engonongoi), *die Insignien eines neuen Kriegers*

Die Beschneidung markiert den Übergang der herangereiften Knaben und Mädchen ins Erwachsenendasein. Sie ist eine Art Prüfung, ob die Jugendlichen reif genug sind, den Anforderungen des Lebens mit Mut und Würde zu begegnen. Mit der Initiation werden die Männer zu Kriegern und die Mädchen zu heiratsfähigen Frauen. Der Eingriff erfolgt bei Tagesanbruch. Die Beschneidung eines Knaben findet vor dem Haupteingang zum Kraal seiner Familie statt, die des Mädchens im Haus ihrer Mutter. Nach dem Ritual segnet der Vater seine Rinder: Er besprengt sie mit Milch und Honigbier aus einer Kalebasse, in die man frisches Gras als Zeichen der Fruchtbarkeit gelegt hat. Symbol des wichtigen Übergangs von der Kindheit zum Erwachsenenleben ist ein junger Baum, den man neben dem Haus des beschnittenen Jungen oder Mädchens einpflanzt.

Behutsam ritzt ein Krieger die Halsschlagader einer jungen Kuh an, um Blut abzuzapfen. Ein unmittelbar hinter der Pfeilspitze angebrachtes Lederband verhindert einen zu tiefen Einschnitt. Das Blut wird in einer Kalebasse aufgefangen, mit Sauermilch vermischt und den frisch beschnittenen Knaben oder Mädchen als erste Nahrung gereicht. Nach dem Aderlaß wird die Wunde des Tieres mit Dung verschlossen, und bald ist sie verheilt.

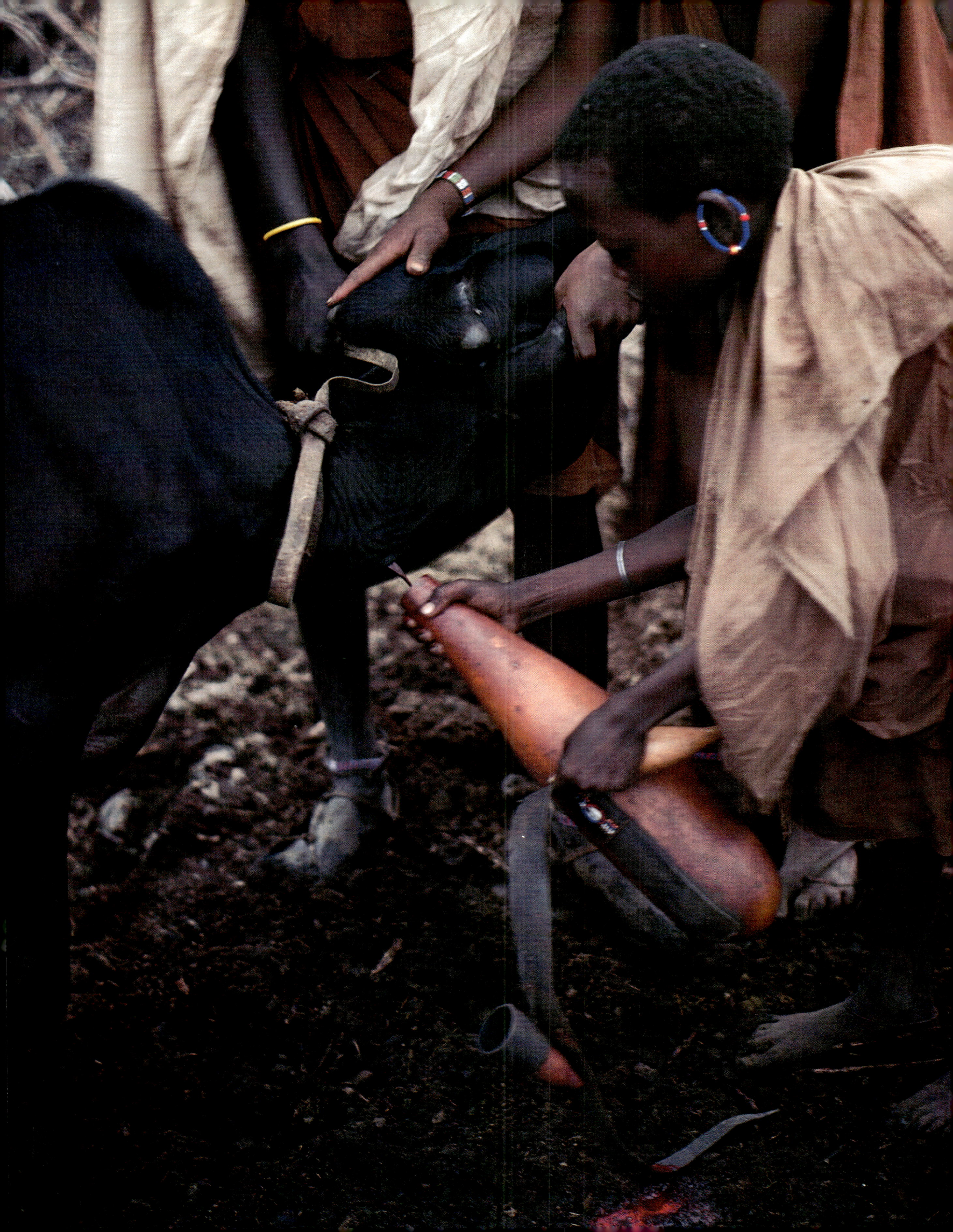

Gehüllt in kohlegeschwärzte Gewänder versammeln sich die Altersgenossen eines Neubeschnittenen, um mit Gesängen und Tänzen zu feiern.

Frisch beschnittene Krieger schießen im Spiel mit abgestumpften Pfeilen auf Mädchen, um ihnen ihre Perlenfingerringe abzujagen.

In der Zeit zwischen ihrer Beschneidung und ihrem endgültigen Eintritt in den Kriegerstand, den Monaten ihrer Genesung, fertigen die jungen Männer einen bunten Vogel-Kopfschmuck für sich an. Auf ihren weiten Streifzügen jagen sie so farbenprächtige Vögel wie Königsfischer, Pirole, Bienenfresser *(Abbildungen oben),* Bartvögel und Sperlingspapageien. Die erlegten Tiere werden ausgenommen, mit Asche und getrocknetem Gras ausgestopft und dann auf einem großen, hufeisenförmigen Rahmen befestigt. Man benötigt bis zu 40 Vögel, um solch einen Kopfputz fertigzustellen. Während der Genesungszeit trägt der junge Mann seine neue Zierde bei allen Zeremonien und Tänzen.

Zur endgültigen Bestätigung ihrer neu erworbenen Kriegerwürde unterziehen sich die Jugendlichen einiger Stämme der *Embolosata Olkiteng*-Zeremonie. Zuerst bauen ihre Mütter eine Zeremonial-Manyatta, eine Einfriedung aus 49 fellbedeckten Hütten, in deren Mitte Grasmatten einen kleineren Kreis abtrennen. Hier finden die Rituale statt, an denen manchmal bis zu 700 Jugendliche teilnehmen.

Zu den verschiedenen Segnungen, die eine Gruppe von Älteren über mehrere Tage hinweg vornimmt, gehört das rituelle Auftragen von *Enturoto,* einer weißen Kalkfarbe. Die Älteren bestreichen damit zuerst ihren eigenen Körper und dann die der jungen Männer. *Auf den folgenden*

Seiten: Mit dem fetttriefenden Fleisch eines frisch geschlachteten Ochsen schreiten die Älteren im Kreis der sitzenden Jugendlichen umher, reiben deren Stirn ein und stecken jedem einen Ring, gefertigt aus dem Magen des Ochsen, an den Mittelfinger. Dann werden die Krieger von den Älteren mit Honigbier bespien. Sie sitzen dabei eng gedrängt innerhalb des Ritualkreises, umgeben von frischen Grasbündeln. Die Zeremonie schließt damit, daß die Krieger singend um die Manyatta schreiten und dann unter dem Segen der Älteren in einer langen Reihe ihrem neuen Leben als Krieger entgegenziehen.

Ilmoran: Krieger

Ilbarnot, Ilbarnot naa – ingiri naapir ishoree – pemeisho lelo engishu ilmang'ati nemeisho si engilome alamei eibok si enkinyala naepu engujit elikai supuko.

Jung sind die Krieger, und wir nähren sie mit unserem besten Fleisch. Gesund und stark, werden sie unsere Herden vor Räubern schützen und vor Hunger bewahren. Kein Feind unseres Volkes wird uns etwas anhaben können.

Diese Worte, die die älteren Krieger ihren jüngeren Kameraden im Festlager vorsingen, lassen etwas ahnen von der Bedeutung und den fast magischen Kräften, die die Massai der Bezeichnung *Ilmoran* (»Krieger«) beimessen. Wann immer eine Arbeit ansteht, die Kraft oder Mut erfordert, hört man die Frage: »Sind heute keine Krieger da?« Krieger nehmen einfache Aufgaben – beispielsweise das Einfangen einer Kuh, die man schlachten oder brandmarken will – ebenso wahr wie auch gefährliche – so etwa den Schutz der Herde vor Löwen oder die Bändigung eines wilden Nashorns, das durch den Kraal jagt. Massai-Krieger versagen fast nie in der Erfüllung ihrer Pflichten. Werden sie gelobt, entgegnen sie bescheiden: »Wir haben nur das getan, was man von einem Massai-Krieger erwartet.«

Aus meiner eigenen Kriegerzeit weiß ich noch, daß Selbstvertrauen das ganze Wesen eines Kriegers erfüllt, dazu Stolz und ein Gefühl von Unbeschwertheit, das einen selbst wie auch die anderen Mitglieder der Gemeinschaft denken läßt: »Alles ist gut, solange die Krieger da sind.« Wir hatten tapfer zu sein, große Liebhaber, furchtlos, athletisch, überheblich, weise, von sicherem Auftreten, vor allem aber besorgt um das Wohlergehen unserer Kameraden und unseres Volkes. Wir waren uns bewußt, daß die Massai-Gemeinschaft sich vollständig auf unseren Schutz verließ, und wir versuchten, dieser Erwartung gerecht zu werden. Wenn beispielsweise des Nachts ein Löwe in der Nähe unseres Kraals brüllte, fühlten wir uns zutiefst beleidigt von so viel frecher Anmaßung, und wir fieberten ungeduldig dem Morgengrauen entgegen. Wir wollten das Raubtier jagen, wir wollten ihm eine Lehre erteilen und beweisen, daß wir die Herren des Massai-Landes waren. »Solange der Löwe rohes Fleisch ißt und es nicht brät wie wir«, pflegten wir zu sagen, »kann er uns niemals den Rang streitig machen.« Zwar sei er schneller als wir, prahlten wir weiter, aber bei weitem nicht so ausdauernd.

Um die Jahrhundertwende schrieb der Deutsche Carl Peters: »Das einzige, was Eindruck auf diese wilden Söhne der Steppe macht, ist eine Kugel . . . und das auch nur, wenn sie in eine eindringliche Beziehung zu ihren Körpern tritt.« Es heißt, ein Krieger habe vor nichts Angst außer vor dem Allmächtigen. Auch Fremde schrecken ihn nicht. Übrigens werden oft keine großen Unterschiede zwischen verschiedenen Ausländern gemacht, seien sie weiß oder schwarz. Man nennt sie einfach *Ilmeek* (»Fremde«) oder *Iloridad enjekat,* d. h. »diejenigen, die ihre Fürze einsperren.« Dieser derbe und spöttische Ausdruck spielt an auf den engen Sitz der europäischen Kleidung, die es dem Wind – anders als bei der Toga der Massai – nicht erlaubt, die Körpergerüche mit sich fortzunehmen.

Manchmal zeigt sich der Hochmut der Krieger sehr deutlich. Gewöhnlich respektieren sie die Älteren und kommen deren Wünschen nach; sie können sich aber auch auflehnen, empfinden sie einen Befehl als ungerecht. Bekannt ist der Fall eines Kriegers, der sich ein Ohrläppchen abschnitt und es einem Älteren reichte, der die Anmaßung besessen hatte, mit den Worten *Enjoki ingiyaa inyi,* »leih mir dein Ohr«, Aufmerksamkeit zu verlangen. Tapferkeit

Links: *Ein Massai-Krieger in voller Kriegerausrüstung mit einem Schild aus Büffelleder. Unter seinen Arm hat er ein Büschel wohlriechender* Leleshwa-*Blätter geklemmt, das ihm als eine Art ›Deodorant‹ dient*

Haartracht und Halsketten der Krieger

und Hochmut der Krieger sind Gegenstand zahlreicher Erzählungen. So ereignete sich in den Tagen, als es noch viele Streitigkeiten zwischen den verschiedenen Massai-Stämmen gab, folgender Zwischenfall:

Ein *Ilkisongo*-Krieger aus Tansania hatte einen Löwen erlegt und ruhte sich nun etwas aus, seinen Kopf gegen das getötete Raubtier gelehnt. Da erschien plötzlich ein Trupp feindlicher Krieger. Der Jäger ließ sich davon nicht beeindrucken und zeigte nicht die geringste Spur von Furcht. Einige der Feinde hatten schon ihre Speere erhoben, um ihn zu töten, als ihr Anführer, überrascht von der Kühnheit des ungerührt dasitzenden Kriegers, ihnen Einhalt gebot. Der *Ilkisongo*-Krieger dachte jedoch gar nicht daran, ihm für die Rettung seines Lebens zu danken. Er hob vielmehr sein Haupt und fuhr ihn zornig an: »Fluch über dich! Habe ich dich um etwas gebeten? Warum läßt du deine Krieger nicht ihre Arbeit verrichten? Tu das nicht noch einmal – ich bin nicht dein Freund oder Verwandter!«

Neben ihrer Tapferkeit – ihrer wichtigsten Eigenschaft – besitzen die Massai-Krieger noch andere Tugenden, z. B. ihre enge gegenseitige Verbundenheit. Sie teilen fast alles miteinander, vom Essen bis zu den Frauen. Nach der Überlieferung dürfen sie nie allein essen. Dieses Gesetz soll sicherstellen, daß alle Krieger, auch die aus den ärmsten Familien, immer genügend Nahrung erhalten. Aus diesem Grunde durchstreifen die Krieger das Massai-Land nie einzeln, sondern stets nur in Gruppen. Einige Stämme verbieten es ihren Kriegern sogar, die Milch ihrer eigenen Kühe zu trinken. Dies soll die Bereitschaft fördern, mit anderen zu teilen, und egoistischen Verhaltensweisen vorbeugen.

Viele, die das Massai-Land bereist haben, loben die Herzlichkeit, Klugheit und Ehrlichkeit seiner Bewohner. So schrieb Edgar M. Queeny, Teilnehmer an einer Expedition der amerikanischen Zeitschrift *National Geographic Magazine* im Jahre 1954, daß die Hilfe, die ihm die Massai-Krieger gewährten, »nur im Maße ihre Außerordentlichkeit variierte. Ihr guter Wille ließ niemals nach. Sie errieten in geradezu unglaublicher Weise jedes unserer Bedürfnisse und zeigten ein Verhalten, das man in unserer Gesellschaft einem Gentleman zuschreiben würde.« Sidney Hinde, der erste Brite, der sich länger bei den Massai aufhielt, bemerkte in seinem Buch »*The Last of the Maasai*« (1910): »Die Massai lernen schnell. Sie sind intelligent und wahrheitsliebend, und ein erwachsener Massai wird niemals stehlen oder lügen. Er mag sich weigern, eine Frage zu beantworten, aber auf ein von ihm gegebenes Wort kann man sich unbedingt verlassen.«

Nicht zuletzt bringen die Krieger auch Aufregung, Abenteuer und Romantik in das Leben ihres Kraals. In ihren Liedern und Tänzen feiern sie legendäre Viehraubzüge, die Taten tapferer Männer oder einfach das Leben im allgemeinen. Sie jagen gefährliche Tiere, um ihre Herden zu schützen, weil sie Felle und Mähnen als Schmuck erbeuten wollen oder manchmal auch einfach aus Spaß an der Jagd. Die Krieger sind große Frauenhelden und erobern die Herzen vieler Mädchen. Oft hört man die Mädchen kichern und scherzen, wenn sich junge Männer in ihrer Nähe aufhalten. Diese geben sich völlig unbeteiligt, obwohl sie natürlich genau wissen, worum es geht. Die Krieger verbringen viel Zeit damit, mit den Mädchen zu singen, vor allem in der Nacht. So gibt es selten Langeweile im Kraal, wenn Krieger zugegen sind.

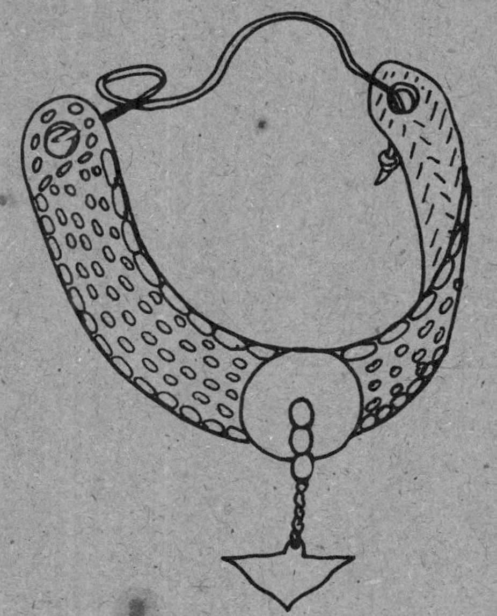

In seinem äußeren Erscheinungsbild entspricht ein Krieger ganz dem Schönheitsideal der Massai, aber auch dem vieler Fremder. Dies gilt besonders, wenn die Krieger bewaffnet ausziehen, um Rinder zu rauben oder gestohlene Tiere zurückzuerobern. Mit ihrem Kopfschmuck aus schimmernden schwarzen Straußenfedern oder Löwenmähnen, ihren Schilden aus Büffelhaut und den in der Sonne glitzernden Speeren gleichen sie dann wohlgebildeten Bronzestatuen, bewunderungswürdig und furchteinflößend zugleich. Die ersten Forschungsreisenden im Massai-Land erwähnen dieses eindrucksvolle Schauspiel häufig. So muß Joseph Thomson in seinem Werk »*Through Masai Land*« zugestehen: »Bald erblickten wir die gefürchteten Krieger, die lange Gegenstand meiner Wachträume gewesen waren, und ich mußte unwillkürlich ausrufen: ›Welch herrliche Männer!‹, als ich eine Gruppe dieser außerordentlichsten Menschen, die man in Afrika nur finden kann, näher betrachtete.« Man mag zwar ein Gegner von Raubzügen und Kämpfen sein, für die die Krieger diese eindrucksvolle Kleidung ja anlegen, doch wird man nicht umhin können, ihre Schönheit zu bewundern. Peter Matthiessen berichtet in seinem Buch »*The Tree where Man was Born*« (1974), daß Myles, sein weißer, in Afrika geborener und aufgewachsener Begleiter, »es sehr bedauert, daß die Tage dahin sind, als noch lange Reihen von Massai-Kriegern mit dem Kopfschmuck aus schwarzen Straußenfedern und Löwenmähnen, ihre Speerspitzen in der Sonne blitzend, die Ebenen durchzogen, ohne einen Blick zur Seite zu werfen.« Heute wird es für die Massai wegen der Jagdbeschränkungen für Wildtiere von Tag zu Tag schwerer, Büffelfelle für ihre Schilde und Löwenmähnen für ihren Kopfputz zu finden.

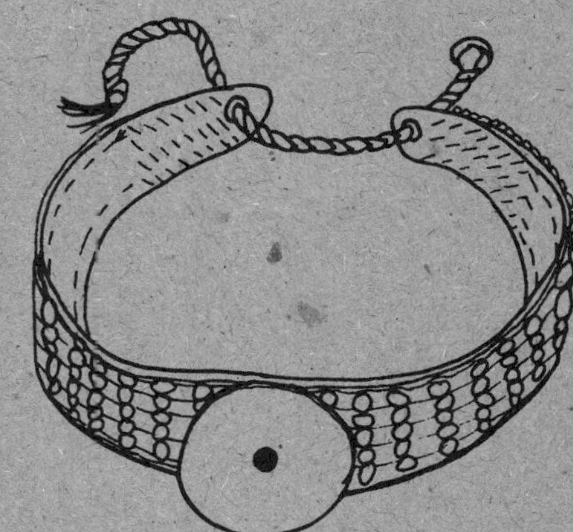

Körperlicher Schönheit und reichem Schmuck messen die Massai-Krieger auch in Friedenszeiten außerordentliche Bedeutung bei. Stets darauf bedacht, die Aufmerksamkeit der Mädchen zu erregen, verbringen sie viele Stunden damit, ihre Beine zu bemalen und sich Zöpfe ins Haar zu flechten. Für die Bemalung zermahlen sie Ocker, mischen es mit Fett oder Wasser und tragen es dann auf die Beine auf. Während die Mischung noch feucht ist, werden mit den Fingern oder mit einem Stock dekorative Muster eingezeichnet. Das Haar flechten die Krieger in zahlreiche lange, dünne Zöpfe, die sie durch eingewirkte Wollfäden oft noch verlängern und die sie ebenfalls mit einer Mischung aus Ocker und Fett

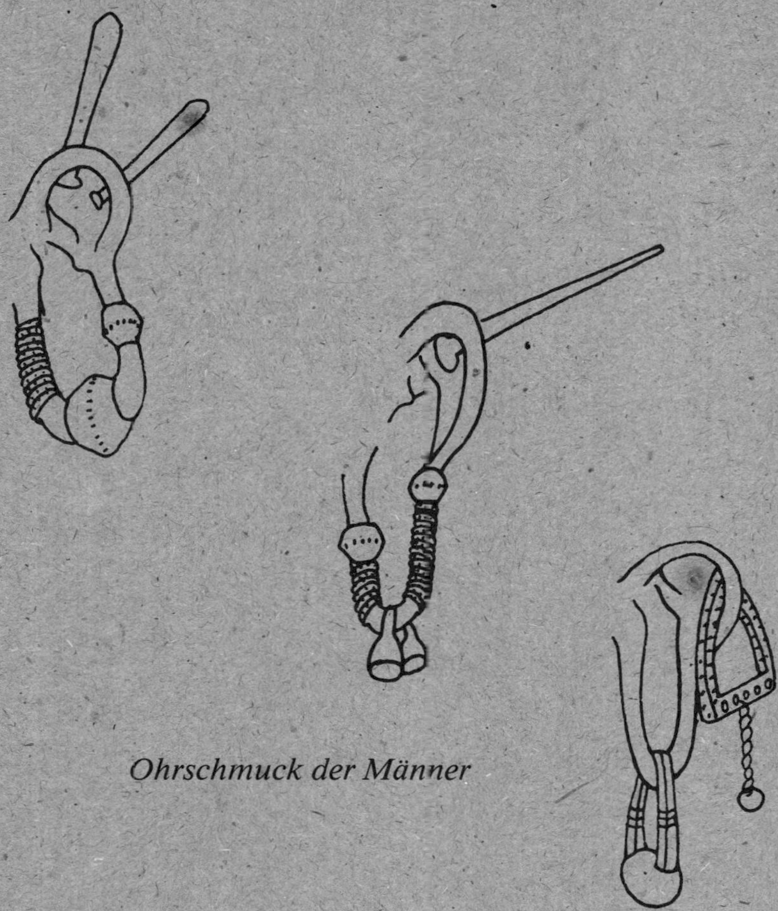

Ohrschmuck der Männer

rot einfärben. Ohren, Hals, Arme, Taille und Fußknöchel verzieren sie mit Perlenschmuck, den ihre Verehrerinnen für sie anfertigen.

Will ein Mädchen einem Krieger auf förmliche Weise ihre Liebe bekennen, lädt sie ihn zum Milchtrinken in ihr Haus ein. Das Mädchen erklärt seinen Eltern, daß es für einen bestimmten Krieger Zuneigung hege; daraufhin besorgt die Mutter eine große Menge Milch für den Tag, an dem der Geliebte ihrer Tochter mit seinen Freunden zu Besuch kommen wird. Ein solches Ereignis feiern viele Krieger gemeinsam. In Gruppen ziehen sie singend von Kraal zu Kraal, trinken Milch mit ihren Freundinnen und sind ausgelassener Stimmung.

Ein Massai-Mädchen wählt in der Regel drei Liebhaber unter den Kriegern. Der erste und wichtigste ist der *Asanja* (»Liebling«), dem sie die Milch bereitet und für den sie sorgt. Der zweite heißt *Oljipet* (»Fleischspieß«); er springt ein, falls der erste Liebhaber abwesend sein sollte. Sind beide nicht zugegen, tritt der *Olkeloki* (»der herüber kommt«) auf den Plan. Zwischen den drei Liebhabern gibt es im allgemeinen keine Eifersucht; allerdings muß jeder des anderen Stellung zu der gemeinsamen Geliebten respektieren. Das Mädchen darf auch mit anderen Kriegern schlafen, allerdings nur dann, wenn ihre drei Liebhaber nicht anwesend sind. Solche Liebesbeziehungen werden bis zur Heirat unterhalten.

Der wertvollste Besitz eines Massai-Kriegers ist sein Speer, und er trägt ihn immer bei sich. Der Reisende im Massai-Land sieht oft schon aus der Ferne das Glitzern einer Speerspitze, noch ehe er den Umriß des Trägers erkennen kann. Krieger entwickeln ein fast mystisches Vertrauen in die Kraft ihrer Waffen, und die Tapfersten würden niemals einem Angriff ausweichen, solange sie noch einen Speer in der Hand halten: Flucht käme ihnen als Verrat an ihrer Waffe vor. Speere werden sorgfältig mit Tierfett eingerieben und häufig poliert, um ein Ansetzen von Rost zu verhindern. Tagsüber steckt ein Krieger seinen Speer, wenn er ihn nicht gerade in der Hand trägt, mit dem Schaft neben sich in die Erde. Nachts wird die Waffe mit ins Haus eines Mädchens genommen. Speere dienen nicht nur dem Kampf, sondern können auch Frieden symbolisieren. Zu diesem Zweck befestigt man an ihrer Spitze schwarze Straußenfedern in Form einer Krone. Ein Stück schwarzes Ebenholz kann in den Schaft eingefügt werden, um den Speer als Eigentum eines älteren Kriegers zu kennzeichnen; helles Holz weist auf einen jungen Besitzer hin.

Nach ihrer Aufnahme in den Kriegerstand werden die jungen Männer zunächst einmal *Ilkeliani,* junge Krieger. Um an Stärke und Mut zu gewinnen, treffen sie in besonderen Festlagern, den *Olpul,* mit älteren Standesgenossen zusammen. Das erste dieser Festlager heißt *Olkiteng loo ngulalen,* wörtlich: »der Bulle, dem man Pflöcke ins Ohr steckt«. Dieser Name verweist darauf, daß die neuen Krieger während ihres Aufenthaltes im Lager Ohrpflöcke tragen müssen. Sie dürfen sich in dieser Zeit nicht mit Bemalung oder sonstigem Schmuck zieren und auch keine sexuellen Kontakte pflegen, weder mit den unbeschnittenen Mädchen im Lager noch mit den Frauen, denen sie begegnen könnten, wenn sie im nächstgelegenen Kraal Schlachtochsen holen.

Das Festlager wird folgendermaßen vorbereitet: Etwa sechs bis zehn Krieger treffen sich, um geeignete Ochsen zum Schlachten auszuwählen. Teilnehmer, die keine eigenen Ochsen besitzen, können einen solchen gegen eine Färse oder einige halbwüchsige Kälber eintauschen. Ist eine ausreichende Anzahl von Schlachtochsen bestimmt worden, besorgen die Krieger die erforderlichen Kochgeräte wie Töpfe und Messer. Danach unternehmen sie ausgedehnte Erkundungsmärsche, um einen geeigneten Lagerplatz ausfindig zu machen. Sie suchen einen abgeschiedenen Ort in der Nähe eines Gewässers, etwa eine große Höhle oder Waldlichtung. Haben sie einen passenden Platz gefunden, kehren sie nach Hause zurück und bereiten sich auf das Schlachtfest vor.

Am Schlachttag herrscht große Geschäftigkeit. Je zwei starke Krieger führen einen Ochsen an einem festen Seil von ihrem Heimatkraal zum Lager. Diese Aufgabe ist keineswegs einfach, denn die Tiere wollen ihre Herde nicht verlassen und werden deshalb häufig versuchen, sich loszureißen. Die Krieger dürfen sie nie unbeaufsichtigt lassen, denn der Weg zum Festlager kann sehr weit sein und viele Orte bieten, an denen ein Ochse sich verstecken könnte. Auch droht Gefahr durch Raubtiere; die Ochsenführer müssen deshalb äußerst zuverlässig sein. Die übrigen Krieger tragen die Kochutensilien, und eventuell nehmen sie auch einige Jungen und Mädchen mit, denn man glaubt, der Genuß von viel Fleisch fördere ihr Wachstum. Kinder können sich auch bei der Erledigung täglicher Arbeiten wie Brennholzsammeln und Suppekochen nützlich machen. Beschnittene Frauen dürfen allerdings niemals das Lager betreten, denn es ist den Kriegern streng verboten, vor ihren Augen Fleisch zu essen.

Die Krieger schlachten nun nacheinander die ins Lager gebrachten Ochsen und braten oder kochen ihr Fleisch. Aus dem Fleisch, bestimmten Baumrinden und Kräutern bereiten sie eine Suppe, die die Verdauung fördern und Kraft und Mut verleihen soll. Mit der Zeit entwickelt sich in der Abgeschiedenheit des Lagers ein starkes Band der Kameradschaft zwischen den Kriegern. Die älteren unterrichten die jüngeren in allen Angelegenheiten des Lagerlebens, instruieren sie in Fragen der Kriegstaktik und planen Rinderraubzüge mit ihnen. Die Krieger verbringen auch viel Zeit damit, die Umgebung auszukundschaften und auf die Jagd zu gehen. Wenn sie einen Büffel erlegt haben, bringen sie sein Fell zum Lager und fertigen daraus Schilde, die sie farbig bemalen und mit besonderen Tapferkeitsemblemen versehen. Diese Schilde sind der ganze Stolz ihrer Besitzer.

Ein Massai-Krieger mit reicher Körperbemalung

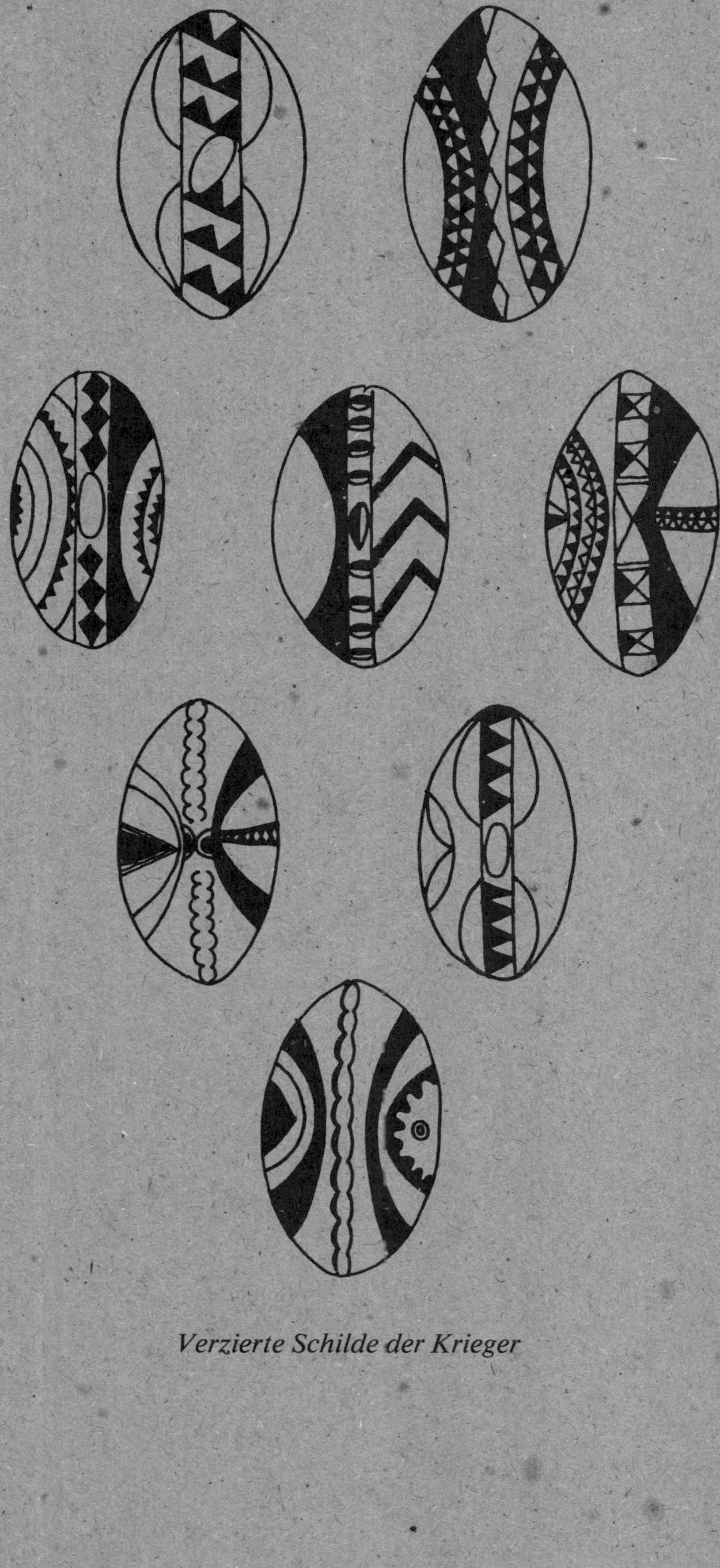

Verzierte Schilde der Krieger

Die kameradschaftliche Stimmung in den Festlagern kann allerdings nicht darüber hinwegtäuschen, daß auch eine gewisse Rivalität zwischen den verschiedenen Kriegergruppen herrscht. Ein Grund dafür liegt darin, daß sich die Mädchen der Senioren lebhaft für die neuen Krieger interessieren. Die älteren können es nur schwer ertragen, wenn ihre Freundinnen ihnen wegen der jungen Männer untreu werden, und so üben sie oft Rache, indem sie die jungen Krieger verprügeln. Dies setzt sich oft so lange fort, bis die neue Kriegergeneration durch den Zustrom weiterer Neubeschnittener so stark geworden ist, daß sie sich erfolgreich verteidigen kann. Den erfahrenen Kriegern bleibt dann aber immer noch die Möglichkeit, über die Unerfahrenheit der jüngeren zu spotten und von ihnen mit höchsten Ansprüchen Beweise für Mut und Männlichkeit zu fordern. So von den älteren Kriegern verhöhnt und gekränkt, versuchen die jungen Männer, ihre Tapferkeit durch die Löwenjagd zu beweisen. Die Senioren versagen ihnen aber auch dann oft ihre Anerkennung und überwachen und kritisieren ihre neuen Standesgenossen unnachsichtig. Wird ein junger Krieger bei der Jagd verwundet, hängen sie den Vorfall an die große Glocke und höhnen: »Hab ich's nicht gleich gesagt? Diese jungen Burschen gehen nur auf die Jagd, um sich den Löwen als Futter anzubieten, und nicht, um sie zu töten.« Sogar in den Festlagern verspotten sie die neuen Krieger mit Redensarten wie *Meel ilbarnot engene,* wörtlich: »Die Jungen ölen noch nicht einmal das Seil ein.« Sie spielen damit auf das Seil an, mit dem man einen Ochsen zum Lager führt und das als Zeichen des Dankes eingeölt wird, bevor man es dem Besitzer zurückgibt. Die Redewendung soll ausdrücken, daß die jungen Krieger nicht wissen, was sich gehört, daß sie unerfahren und deshalb nicht vertrauenswürdig sind.

Der Konkurrenzkampf zwischen den jüngeren und den älteren Kriegern nimmt an Intensität stetig zu, bis schließlich die Junioren so zahlreich, stark und überheblich geworden sind, daß ihre älteren Standesgenossen sich ihnen nicht länger widersetzen können. Dann übergeben die Senioren die Macht an die jungen Krieger und beginnen, sich auf ihren Übertritt in den Stand der Älteren vorzubereiten. Nun ist auch der Zeitpunkt gekommen, zu dem die neuen Krieger ein Stück Ebenholz in ihren Speer einfügen dürfen. Die jungen Männer, die im ersten und zweiten Jahr der vergangenen Beschneidungsperiode initiiert wurden, treten nun in den Stand der älteren Krieger über, und die des dritten und vierten Jahres nehmen ihren Platz als junge Krieger ein. Erneut kommt es zu Reibungen, diesmal aber nicht so ausgeprägt, denn die beiden Kriegergruppen gehören jetzt der gleichen Altersklasse an, da sie ja während derselben Vierjahres-Periode beschnitten wurden. Sie bleiben für die Dauer von etwa 15 bis 20 Jahren Krieger, ungefähr von ihrem fünfzehnten bis zum fünfunddreißigsten Lebensjahr.

Die jungen Krieger leben in der Zeit kurz nach ihrer Beschneidung noch mit ihren Familien in deren Kraalen zusammen. Erst nach einer Weile siedeln sie in eine *Manyatta* über. Es handelt sich dabei um einen besonderen Kraal für die Krieger, ihre Mütter, ihre unbeschnittenen Freundinnen und die »Reibholz-Älteren«, die ›Paten‹, die die Krieger in den Bräuchen der Massai weiter unterrichten sollen. In einer Manyatta werden junge und ältere Krieger zu einer Einheit zusammengefaßt, die jegliche Spaltung zwischen ihnen aufheben soll. Die Krieger besuchen ihre Eltern regelmäßig, um ihnen bei der Arbeit zu helfen, doch wechseln sie sich dabei ab, denn ihre Manyatta darf niemals unbewacht bleiben.

Nur der erwähnte Personenkreis darf sich in der Manyatta aufhalten. Selbst die unbeschnittenen Knaben, die den Kriegern sonst beim Hüten des Viehs helfen, sind unerwünscht. Als Standort einer Manyatta wählt man einen möglichst schön gelegenen Platz, der Wasser und gute Weideflächen bietet. Die Krieger bauen eine ausgedehnte Umzäunung, und die Mütter errichten darin 49 Häuser, denn 49 gilt bei den Massai als Glückszahl. Die Gebäude müssen stabil sein und groß genug, um die zahlreichen Krieger mit ihren Freundinnen bequem beherbergen zu können. Im Innern stellt die Mutter ein Bett für sich selbst und ein weiteres für ihren Sohn und dessen Freundinnen auf.

Alles in der Manyatta muß sich im ausschließlichen Besitz der Krieger und der sie instruierenden Älteren befinden. Es kann deshalb mitunter schwierig werden, eine ausreichend große Viehherde zu beschaffen. Besitzt beispielsweise die Familie eines Kriegers wenige Rinder, wird sie nur widerstrebend einige davon zur Verfügung stellen, denn ihr könnte es dann selbst an Milch mangeln. Gelegentlich ist es sogar schwer, überhaupt eine angemessene Zahl von Bewohnern für eine Manyatta zu finden. Hat etwa der Vater eines Kriegers nur eine Frau geheiratet, wird er kaum bereit sein, diese zu den Kriegern ziehen zu lassen und ohne Fürsorge für sich und seine Kinder zurückzubleiben.

Vor dem Bau einer Manyatta wählen die Krieger aus ihren Reihen die *Embikas,* Männer, die sich durch besondere Tapferkeit und Reife auszeichnen. Meist in voller Kriegsausrüstung durchstreifen sie im Auftrag ihrer Kameraden das Land, um für die Manyatta alles zu beschaffen, was diese braucht; wenn nötig auch mit Gewalt. Die *Embikas* fungieren zudem als eine Art Polizeitruppe, die Missetäter der eigenen Kriegergeneration bestraft oder ausstößt. Strafwürdige Untaten eines Kriegers sind beispielsweise das Scheren des Haares vor Erreichen des Älterenstandes, Ungehorsam gegenüber den Älteren oder die Weigerung, auferlegte Bußen zu zahlen. Pflicht der *Embikas* ist es weiterhin, die Krieger aufzusuchen, die es für nötig halten, zu Hause zu bleiben und ihrer Familie zu helfen. Kann ein solcher Krieger seine Entscheidung nicht überzeugend begründen, schleppen die *Embikas* ihn mitsamt seinen Rindern gewaltsam zur Manyatta zurück. Erhebt die Mutter eines Kriegers oder auch ihr Ehemann Einwände gegen ihre

Übersiedlung in die Manyatta, prüfen die *Embikas* den Fall und entscheiden, ob der Widerspruch berechtigt erscheint oder nicht. Spendet die Familie eines Kriegers nicht genügend Milchkühe für die Manyatta, holen die *Embikas* die Tiere mit Gewalt. Sie beschlagnahmen auch das Vieh von Übeltätern wie etwa das von Kriegern, die man dabei ertappte, wie sie allein Milch tranken. In einem solchen Fall wird man die Rinder für ein Fest schlachten oder sie einem *Laibon* schenken, der gerade eine Kriegerzeremonie vorbereitet. Allgemeine Aufgabe der *Embikas* ist es also, mit allen zur Verfügung stehenden Mitteln sicherzustellen, daß ihre Kriegergeneration unbescholten bleibt und niemand ihren guten Ruf gefährdet.

Kurz nach der Fertigstellung der Manyatta ziehen die Krieger mit ihren Müttern und Freundinnen in einer prächtigen Prozession in ihr neues Heim. Die Kontakte innerhalb einer Manyatta sind sehr intensiv, und bald wissen die Krieger, was sie voneinander zu halten haben. Jeder erwirbt sich einen gewissen Ruf; der eine gilt als tapfer, der andere als großzügig und freundlich, ein Dritter als grausam. Manche zeigen Führungsqualitäten, werden darin anerkannt und bei allen wichtigen Entscheidungen um Rat gefragt. Es entwickelt sich auch ein starkes Gefühl für die Clanzugehörigkeit, denn in jeder Manyatta leben die Angehörigen der beiden Clangruppen, die der »Schwarzen« und die der »Roten Kuh«, in getrennten Quartieren.

Die Angehörigen des Älterenstandes, die in einer Manyatta leben, dienen als Lehrer der Krieger in allen Angelegenheiten, die Bräuche, Zeremonien und geistige Werte der Massai-Gesellschaft betreffen. Mit ihrer Hilfe und mit Unterstützung des *Laibon* lernen die Krieger, selbständige Entscheidungen zu treffen, wie beispielsweise das Risiko eines Viehraubes abzuwägen. Einen solchen Überfall zu planen, auszuführen und die gemachte Beute zu teilen, trägt sehr dazu bei, die Bande zwischen den verschiedenen Kriegern einer Altersklasse zu festigen.

Der Aufenthalt in einer Manyatta fördert Wachsamkeit, Stolz und Wettbewerbsbewußtsein der Krieger. Stets darauf bedacht, den Kriegern der anderen Manyattas ihre Überlegenheit zu beweisen, ziehen sie zu zahlreichen Raubzügen und Löwenjagden aus. Zur Einschränkung dieser verbotenen Streifzüge versuchen die Regierungsbehörden im Massai-Land – vor allem die in Kenia –, die Dauer des Aufenthaltes der Krieger in einer Manyatta zu verkürzen und das Leben dort zu reglementieren. Einige Manyattas wie *Emanyatta e Kirialo* in *Loita* und *Emanyatta Olorien* im *Ngorongoro*-Hochland haben inzwischen legendären Ruf erlangt. Die Krieger dieser beiden Siedlungen, Angehörige der zwischen 1954 und 1975 aktiven Kriegergeneration, genießen im ganzen Massai-Land wegen ihres besonderen Mutes großes Ansehen.

Die Massai-Krieger gehen zahlreichen verschiedenen Tätigkeiten nach. Sie helfen ihren Familien im Alltag, bauen Dornenzäune zum Schutze der Herden, reinigen die Brunnen von Sand und tränken das Vieh während der harten Trockenzeit. Rinder hüten sie nur, wenn sie keine jüngeren Brüder haben, die diese Arbeit verrichten könnten. Wenn sie nicht arbeiten, versammeln sie sich, um gemeinsam zu singen und zu spielen. Ein beliebtes Spiel besteht darin, sich gegenseitig mit Sisalstöcken oder mit runden gelben Früchten, den sogenannten »Sodom-Äpfeln«, zu bewerfen und die Würfe mit dem Schild abzuwehren. Die Krieger üben sich so im wirkungsvollen Gebrauch ihrer Waffen. Gelegentlich jagen sie auch im Scherz ihre hübschen Freundinnen umher, pieksen sie mit Stöcken und liefern sich Scheingefechte mit ihnen.

Eine weitere beliebte Beschäftigung der Krieger ist das *Enkitoongiwong*, das aufmerksame Ausspähen der Umgebung, um alle Veränderungen festzustellen und eventuelle Gefahren zu erkennen. Während eines Festlagers unternehmen die Krieger häufig solche Erkundungen, bei denen sie sich lediglich mit einem Schwert bewaffnen. *Enkitoongiwong* steht bei den Massai in hohem Ansehen und bildet den Gegenstand zahlreicher Legenden, so auch der folgenden:

Ein junger Krieger erkundete gerade die weitere Umgebung seines Festlagers, als er zwei befreundete Krieger erspähte. Diese hatte man ausgesandt, um nach fremden Rinderherden Ausschau zu halten, die später, nach dem Ende der Lagerzeit, geraubt werden sollten. Der junge Krieger folgte den Kundschaftern unbemerkt, denn er wußte, daß die älteren Krieger ihm nie gestatten würden, an dem geplanten Raubzug teilzunehmen. Man hielt ihn noch für zu jung und unerfahren und hatte ihm noch nicht einmal erlaubt, an der Versammlung teilzunehmen, in der das Vorhaben besprochen worden war.

Zwei Tage lang folgte er den Kundschaftern in einem gewissen Abstand. Am dritten Tage konnte man plötzlich in der Ferne Staub und Rauch aufsteigen sehen, die Kundschafter hielten es aber nicht für nötig, näher heranzuschleichen, um nach der Ursache zu forschen. Sie waren sich sicher, daß der Staub von Rindern aufgewirbelt würde und daß der Rauch die Anwesenheit von Hirten anzeige. Damit zufrieden, kehrten sie ins Lager zurück und berichteten ihren Kameraden von ihrer Entdeckung. Sie setzten sich nieder und warteten auf das Ende des Festlagers, um danach ihre Kameraden auf dem Raubzug führen zu können. Der junge Krieger aber war mißtrauisch, und so schlich er sich näher an Staub und Rauch heran, um deren Herkunft genau zu ergründen. Er entdeckte bald, daß der Staub von einer Herde Gnus aufgewirbelt wurde, die zu einer Flußtränke jagte, und daß der Rauch von einigen *Ndorobo*-Honigsammlern stammte, die Bienen ausräucherten und Essen kochten.

Der junge Krieger beschloß daraufhin, selbst weiterzuziehen und nach Rindern zu suchen. Er marschierte anderthalb Tage lang, bis er eine ausreichend große Herde fand. Er wollte aber wiederum ganz sicher gehen und nicht den Fehler seiner Kameraden wiederholen, und so schlich er sich bis nahe an die Kraale des Feindes heran. In einem Haus erblickte er eine Frau und hörte, wie sie nach einer ihrer Kühe rief. Die Kuh hieß *Songori,* besaß ein weißes Fell und säugte ein rotes Kalb. Nachdem er den Rinderbestand in den umliegenden Dörfern und die besten Angriffsmöglichkeiten ausgekundschaftet hatte, kehrte der junge Krieger befriedigt in sein Lager zurück.

Von seiner Entdeckung berichtete er kein Wort bis zu dem Tag, an dem das Festlager seinen Abschluß fand und die Krieger zum Raubzug aufbrechen wollten. Nun ist es Sitte, daß die Krieger vor dem Verlassen eines Lagers als Ausdruck ihrer Dankbarkeit für den Frieden und die Abgeschiedenheit, die sie genießen durften, zum Himmel, zum Wald und zu allen Geschöpfen – Tier und Mensch gleichermaßen – singen. Dieser rituelle Gesang, *Enkipolosa* genannt, erklingt mehrmals: im Festlager am Vorabend des Auszugs, am frühen Morgen des nächsten Tages und wieder am Abend, wenn die Krieger das Lager verlassen; dann erneut, wenn die Krieger nach Hause kommen und den Daheimgebliebenen die Rückkehr ankünden. Die Sänger versuchen, die Krieger zu überraschen und ganz unerwartet mit dem Gesang einzusetzen. Plötzlich unterbricht der Klang einer hohen Stimme die Stille, und es ertönt ein Lied voller Poesie, Weisheit und Tiefe, dessen Worte die Herzen der Menschen bewegen und manchem die Tränen in die Augen treten lassen.

Bei dem erwähnten Festlager war nun dem jungen Krieger die Aufgabe zugefallen, als erster zu singen. Er stand auf dem Sängerplatz, der wie üblich die höchste Erhebung des Lagers einnahm; bereit, dem Wald und dem Murmeln des Wassers Lebewohl zu sagen. Mit wundervoller Stimme sang er: »Laßt euch nicht von dahinjagenden Gnus in die Irre führen. Laßt euch nicht vom Rauch der *Ndorobo*-Honigsammler täuschen. Ich spähte und freute mich an *Songori* und ihrem Kalb. Sie ist weiß, mit langen Hörnern, und sie säugt ihr rotes Kalb. Folgt diesem Weg, alle, die ihr Rinder wollt.«

Diese Worte trafen alle Teilnehmer des Lagers völlig unerwartet. Die beiden Kundschafter waren vollends verwirrt und weigerten sich, dem Jungen Glauben zu schenken. Die übrigen Krieger waren geteilter Meinung: Einige vertrauten dem jungen Krieger und gingen mit ihm, andere nahmen ihn nicht ernst und folgten den Kundschaftern. Am Ende jedoch fanden die Wachsamkeit und die Aufrichtigkeit des jungen Kriegers ihre Belohnung: Diejenigen, die mit ihm zogen, waren sehr erfolgreich und erbeuteten viele Rinder, während die anderen leer ausgingen. Der junge Krieger aber behielt für sich neben anderen Rindern die weiße Kuh *Songori* und ihr rotes Kalb.

Trotz der Verbote der Regierung ziehen die Massai-Krieger auch heute noch – wenngleich nicht mehr so häufig – auf

Rinderraubzüge und Löwenjagden aus. Das Massai-Gebiet ist so weitläufig, daß es von den Regierungen nur sehr schwer kontrolliert werden kann. Vor seiner Illegalisierung durch die Kolonialbehörden zu Beginn dieses Jahrhunderts war der Rinderraub eine beliebte und einträgliche Beschäftigung der Krieger. Gewöhnlich wurden zuerst Kundschafter auf die Suche nach geeigneten Herden geschickt. Als Zeichen einer erfolgreichen Entdeckung brachten sie Rinderdung mit nach Hause, und man mobilisierte daraufhin die notwendige Schar von Kriegern, manchmal bis zu 1000 an der Zahl. Die Älteren gaben ihnen Segenswünsche mit auf den Weg, und ein angesehener *Laibon* weihte ihnen ein Amulett. Dann brachen die Krieger zum Raubzug auf. Heutzutage ist der Rinderraub kein farbenfrohes, öffentliches Ritual mehr, sondern nur noch nackter Diebstahl. Die wenigen Unentwegten, die noch auf Raub ausziehen, müssen dabei äußerst vorsichtig vorgehen, denn werden sie von den Regierungsbehörden gestellt, drohen ihnen empfindliche Strafen.

Wegen ihrer abgöttischen Liebe zu Rindern werden die Massai aber für immer die Feinde aller fremden Rinderzüchter bleiben, seien es Afrikaner oder Europäer. Die Massai-Krieger bilden noch immer ein gut organisiertes Heer, bereit, ihr Land und ihre Rinder gegen jeden Angriff zu verteidigen. Hochgewachsen, schön und furchtlos, scheuen sie bis zu ihrem Ende keine Schlacht. Jeder Krieger würde, könnte er die Art seines Todes wählen, am liebsten im stolzen Kampf um Rinder fallen.

Sind die Krieger guter Stimmung, wie häufig während der Regenzeit, ziehen sie als Beweis ihres Mutes auf Löwenjagd. Man stellt Löwen natürlich auch immer dann nach, wenn sie in Herden einfallen oder Menschen verletzen. In einem solchen Fall reagieren die Krieger sofort. Bewaffnet mit Schwertern und Speeren verlassen sie eiligst den Kraal und suchen so lange nach dem Raubtier, bis sie es stellen und töten können. Finden sie den gesuchten Löwen nicht, stellen sie in ihrem Zorn allen anderen Raubkatzen nach, auf deren Spur sie stoßen.

Dient die Löwenjagd als Mutprobe, als *Alamaiyo,* folgt sie festen Regeln. Am Tage vor der Jagd verbreiten einige Krieger die Nachricht von dem bevorstehenden Ereignis und geben den vereinbarten Treffpunkt bekannt. In der Morgendämmerung geht dann ein Krieger mit einer Beinschelle durch die umliegenden Kraale, um die Krieger aufzuwecken. Wenn diese den Klang der Schelle vernehmen, springen sie auf und eilen mit ihren Waffen zum vereinbarten Treffpunkt. Sind alle versammelt, wird darüber debattiert, welches wohl das lohnendste Gebiet für die Jagd sei. Nachdem Einigung erzielt ist, ziehen die Krieger in einer langen Reihe los. Die guten Läufer schreiten voran, die Jäger mit den schweren Schilden folgen nach. Erblickt ein Krieger einen Löwen, so schreit er *Eele;* seine Kameraden nehmen den Ruf sofort auf und geben ihn weiter, bis er auch den letzten der Reihe erreicht hat. Dieser antwortet ebenfalls mit *Eele* und beschleunigt seinen Schritt, um den Anschluß an die anderen Krieger zu finden. In der Zwischenzeit hetzen die Jäger an der Spitze den Löwen, um ihn zu ermüden. Löwen laufen stets um ihr Leben, wenn sie Massai-Krieger erblicken.

Allerdings zeigen nicht alle Löwen die gleichen Verhaltensweisen. Manche Tiere rennen bis zur völligen Erschöpfung, andere stellen sich schon nach wenigen hundert Metern zum Kampf. Hat ein Löwe kurz zuvor viel gefressen, ist er zu träge, um zu fliehen und wird deshalb versuchen, sich möglichst bald durch Erbrechen zu erleichtern. Dies bietet den Kriegern dann eine gute Gelegenheit zum Angriff. Massai-Krieger schätzen keine furchtsamen Tiere, wohl aber solche, die Mut und Kampfbereitschaft zeigen.

Ist der Löwe in die Enge getrieben und muß er den Kampf aufnehmen, bleiben die Jäger an der Spitze der Kriegerschar stehen. Sie warten, bis ihre Kameraden herangeeilt sind, dann kreisen sie das Raubtier langsam ein, wobei sie zunächst großen Abstand halten. Während sie mit Gesängen versuchen, den Löwen zu besänftigen, rücken sie allmählich vor, bis sie nur noch einen Speerwurf von ihm entfernt sind. Löwen sind dafür bekannt, daß sie sich bei einem Angriff genau auf denjenigen stürzen, der sie zuerst mit seiner Waffe verletzt hat. Dies wissend bewegen sich die Krieger äußerst vorsichtig, bis sich endlich ein Mutiger findet, der seinen Speer gegen das Raubtier schleudert. Hat er es getroffen, springt er so rasch wie möglich zurück und wartet in gebührender Entfernung mit seinem Schwert in der Hand. Die anderen Krieger versperren dem verwundeten Löwen mit ihren Schilden den Weg und werfen ihre Speere, um ihn zu töten, bevor er ihre Reihen durchbrechen kann. Manchmal haben sie Erfolg, manchmal aber auch nicht. Der Löwe ist möglicherweise so schnell, daß es ihm gelingt, den ersten Angreifer einzuholen. Auch wenn dieser sich mit Schwert und Schild wehrt, stehen seine Chancen schlecht: Der Löwe wird das Schild meist mit seinen Pranken durchschlagen und den Krieger niederreißen.

Der Krieger, dessen Speer die Raubkatze zuerst trifft, muß sogleich den Namen seiner Familie und seines Clans ausrufen, und zwar so laut, daß alle ihn hören können. Damit meldet er seinen Besitzanspruch auf den Löwen an. Seine Kameraden wiederholen die Namen, um eventuellen späteren Streitigkeiten vorzubeugen. Ist die Jagd erfolgreich und der Löwe getötet, erhält der Krieger, der das Raubtier als erster traf, die Mähne und den Schwanz, und der zweite darf die Tatzen an sich nehmen. Beide stecken ihre Trophäen auf ihre Speerspitzen und vollführen einen symbolischen Tanz um den Kadaver des Löwen. Forderte die Jagd keine Verletzten, ziehen die Krieger im Triumph nach Hause, wo sie ausgelassen feiern. Ihre Trophäen führen sie mit sich, um zu beweisen, daß sie den Löwen tatsächlich getötet haben.

Keiner, der einmal Massai-Krieger nach einer erfolgreichen Löwenjagd oder einem beutereichen Rinderraubzug erlebt hat, wird dieses Schauspiel jemals vergessen können. Im Gefühl ihrer überragenden Stärke legen die siegreichen Krieger ihre Zeremonialkleidung an: Die hochragenden Straußenfedern, eine wilde Löwenmähne oder edles Adlergefieder auf dem Haupt und klingende Messingschellen an den Beinen, ziehen sie voller Stolz und Zuversicht nach Hause. Ein vorausgeschickter Bote soll die daheimgebliebenen Krieger benachrichtigen, denn man will von vornherein jeglichen Neid, den ein unerwarteter Triumphzug hervorrufen könnte, vermeiden. Die Nachricht vom erfolgreichen Ausgang der Jagd versetzt den gesamten Kraal in Aufregung; alle laufen durcheinander und rufen: »Die Krieger haben einen Löwen getötet! Die Krieger haben einen Löwen getötet!« Die daheimgebliebenen Krieger steigern sich allmählich in eine wilde, ekstatische Begeisterung, die die Massai *Emboshona* nennen, und versetzen sich so in die rechte Stimmung für den Empfang der Helden vor den Toren des Kraals. Lobrufe erschallen: »So sind wirkliche Massai-Krieger!«

Mädchen und Frauen eilen in ihre Häuser, um sich für den Empfang zu schmücken und ihre prächtigsten Halsringe anzulegen. Vor allem die Mädchen geben sich alle Mühe, einander zu übertrumpfen, denn die beiden attraktivsten unter ihnen werden die besten Aussichten haben, mit den beiden Trophäenträgern tanzen zu dürfen. Die Älteren und die Frauen versammeln sich an den Haupteingängen mit Kalebassen voller Milch, um die Krieger damit zu segnen. Nach der offiziellen Begrüßung beginnt ein ausgelassenes Fest, bei dem fröhliche Gesänge erschallen und große Mengen von Milch getrunken werden. War die getötete Raubkatze eine Löwin, feiern die Krieger in vier Kraalen, war es ein männliches Tier, nehmen sogar acht Siedlungen teil. Der Löwe gilt als König der Wildnis, und deshalb ist er das einzige Tier, dessen Tötung die Massai feiern.

Die Ebenen und Hügel des weiten Massai-Landes waren schon oft Zeugen der Heldentaten tapferer Krieger, deren Waffen weithin Schrecken verbreiten: das scharfe Schwert mit der Doppelschneide zum Stechen und Hauen, die kurze rundköpfige Keule zum Schlagen und Schleudern, der Stock mit scharfen Spitzen an beiden Enden, den man gegen den Feind wirft, und schließlich der mächtige Speer, der beste Freund eines Kriegers. Die Massai kennen mehrere traditionelle Kriegsformationen, verschiedene Arten, sich dem Feind zu nähern. Welche Taktik sie wählen, hängt davon ab, ob sich ihr Gegner in der offenen Ebene, im Busch oder in den Bergen aufhält. Soll der Feind beispielsweise in offenem Gelände attackiert werden, rücken die Krieger mit ihren riesigen Büffelhautschilden in der »Adlerflügel«-Formation an. Die tapfersten Kämpfer dringen dabei wie eine Speerspitze in das Zentrum der feindlichen

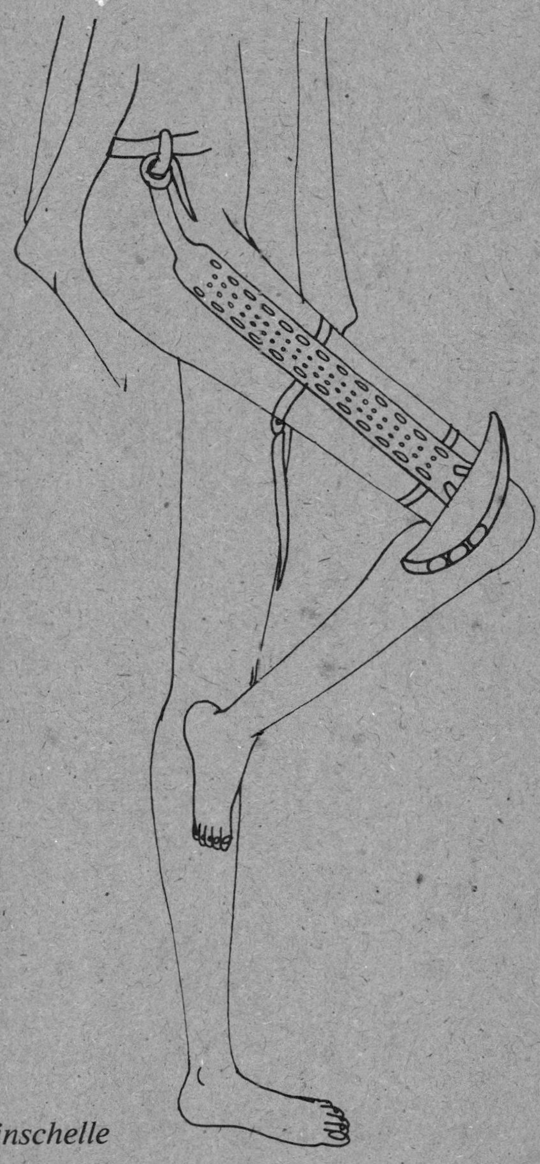

Beinschelle

Linien ein, während ein Teil ihrer Kameraden die Flanken sichert und eine dritte Gruppe als Nachhut zum Einsatz kommt, wenn die vorderste Linie in Gefahr ist überwältigt zu werden.

Die Massai-Krieger gelten zwar als unschlagbar in der Schlacht, doch wissen sie auch, wie man eine Niederlage hinzunehmen hat. Sie meinen schlicht: »Den Krieg kann nur einer gewinnen, entweder wir oder die anderen.« Diese Sichtweise zeigt sich auch im folgenden Lied:

Motonyi ai Motonyi ai e Engai,
Gott, Raubvogel,
Mariamari ilatua lekeri olongoni,
begleite mich auf dem Raubzug,
Enemenanu etaraki naarisho,
denn wenn ich nicht getötet werde,
Nemeeta kata akeye emotonyi ai Engai
werde ich töten, und du wirst auf jeden Fall
Nimeraa enekiri.
einen von uns als Nahrung erhalten.

Gleich den Löwen, die er jagt und zugleich achtet, zieht sich der reife Massai-Krieger oft in die Abgeschiedenheit zurück. Er nimmt häufig an Festlagern *(Opul)* draußen in der Natur teil, wo er und seine Kameraden dem lauten Alltagsgetriebe entzogen sind. Nur die scharfen Augen der Krähen und Raben beobachten sie hier. Am frühen Morgen, wenn der Tau noch auf Bäumen und Gräsern liegt, weckt sie der Ruf des Turako. Hier in der Abgeschiedenheit des Waldes ist es die Pflicht der Krieger, die sich sonst kaum um Gebete kümmern, *Engai* ihre Verehrung darzubringen. Sie beten im frühen Morgengrauen, wie es auch die Vögel auf ihre Weise tun. Die Krieger verlassen das Lager einzeln, mit einem kleinen Stock als Zeichen des Rinderhirten in der Hand, und jeder betet für sich allein zu Gott. Die folgenden Worte sind charakteristisch für solche Gebete:

Ng'asak Engakenya ai Engai. Naata esirua neeta enanyokie namuru tokino engalepok ooloshon pookin. Atupukuo olamonyak oing'ua iloomonyak ootii elashani, lemearie iloowaarak elelaa nemearie ilmotonyi engararaa, lemewarr emowarak oomunyi nemewarr eremetaa. Engishon Aamon, nayang'oyang'nye naimu olopongi lookeleruani nemerinyo ituabau nemesioyo eyewo. Ebukuoi iloowaarak olmotonyi eng'are nitookutuo amu ekenyikia iyook kiserian. Enjoo iyook engishu ooengera – enjoo iyook tenegum ne'njo teneropa. Enjoo iyook king'oru nenjo miking'oro. Enteshapa iyook engishon anaailtuli, iribie iyook enaa engaik. Entabai iyook iltuli oomokota lekitoo. Sere naa engakenya ai Engai pe kintoki ake atomo too sidan, pee entoki angorie iyook iltiel oomonyak.

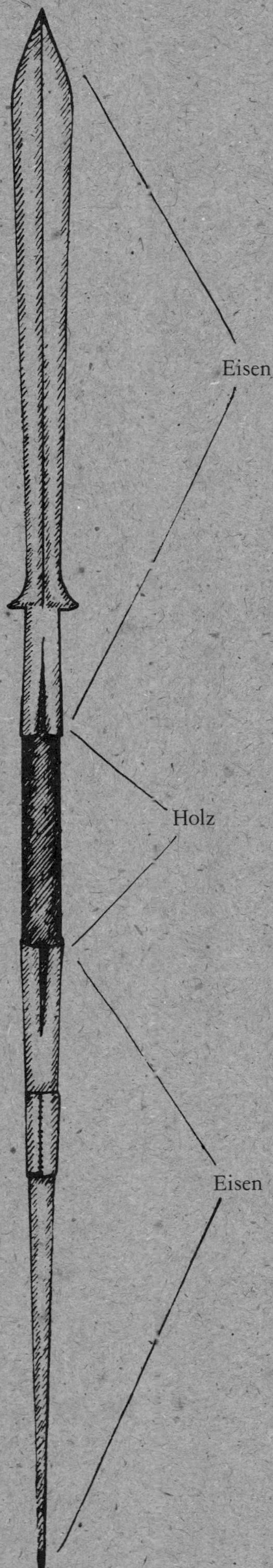

Dreiteiliger Kriegsspeer

Sei gegrüßt, himmlischer Morgen. In Rot und Weiß erscheinst du uns. Unsere Frauen wetteifern, dich willkommen zu heißen. Ich bin hierhergekommen, Gesegneter unter den Gesegneten, noch immer verweile ich unter dem Baume. Keine wilden Tiere, keine Geierschwingen werden uns stören. Kein Horn des Rhinozeros, keine scharfen Speerspitzen werden uns trennen. Ich bete um gutes Gedeihen. Schicke es uns in stetig wachsendem Maße. Schicke es uns, und lasse es bei uns bleiben. Wilde Tiere und Geier! Hinweg mit Euch! Eure Erwartungen haben sich nicht erfüllt, denn wir leben noch. Schenke uns Kinder und Kühe, auf den Hügeln und in den Ebenen, immerdar. Gib uns unerwartetes Glück. Erhalte uns, bis daß Runzeln unser Gesicht durchziehen. Leb wohl, himmlischer Morgen, bis wir uns morgen aufs neue in Frieden treffen, im goldenen Strahl des Glücks.

Hat ein Krieger sein Gebet beendet, kehrt er zum *Olpul* zurück, und ein anderer macht sich auf den Weg. Die Inhalte der Gebete sind meist sehr persönlich und hängen davon ab, welche Wünsche der Betreffende hegt. Nach dem Abendessen, wenn die Krieger ihr gebratenes Fleisch verzehrt haben, beten sie auch gemeinsam mit einem ihrer Kameraden als Vorbeter. Sind die Gebete gesprochen, verschließt der Vorbeter den Eingang zum *Olpul* mit dornigem Gestrüpp.

Wächst die Zahl der jungen, nachrückenden Krieger immer mehr an, sehen sich ihre älteren Standesgenossen gezwungen, in den Älterenstand überzuwechseln, um ihren Platz für die neue Generation zu räumen. Mit diesem Übertritt sind verschiedene Zeremonien verbunden, deren wichtigste *Eunoto* heißt, wörtlich: »pflanzen«. Den geeigneten Schauplatz für diese Feier wählt man erst nach langen Beratungen aus. Dort wird dann eine besonders ausgedehnte Manyatta errichtet, die den zahlreichen Teilnehmern – darunter den Älteren, die das ganze Geschehen überwachen – genügend Raum bietet. Ist das Lager fertiggestellt, setzt man einen bestimmten Tag für die Zusammenkunft aller Krieger des Stammes fest. Unter der musikalischen Begleitung von Kuduhörnern eilen diese dann in ihrer Kriegstracht herbei, die Häupter mit Ocker bemalt, an den Beinen klingende Schellen, den Kopfputz aus Löwenmähnen und Straußenfedern aufgesetzt und umhüllt von einer besonderen, bunten Toga, der *Nangan*. An Stelle der Waffen tragen die Krieger nun lange, weiße Stäbe, die das Herannahen des Älterenstandes symbolisieren.

Mit Hilfe der Älteren wählen die Krieger aus ihrer Mitte den *Alaunoni*, der einen hervorragenden Ruf genießen und über außerordentliche Qualitäten verfügen soll. Seine Aufgabe wird darin bestehen, seine Kameraden auf dem Weg in das neue Leben im Älterenstand zu leiten, und deshalb muß er in jeder Hinsicht als vorbildlich gelten. Er soll rein massaischer Abstammung sein, eine große Rinderherde

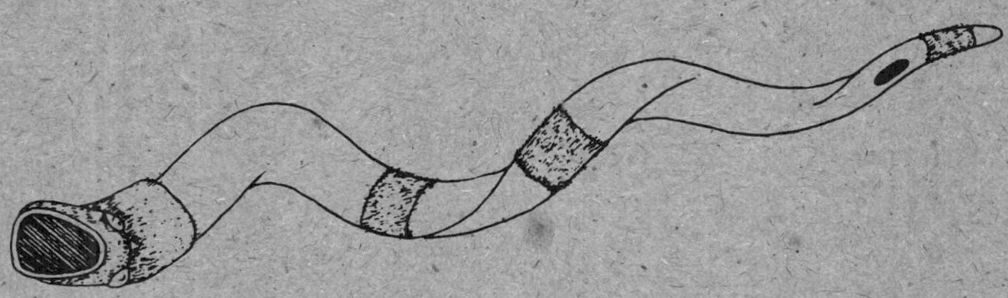

Ein verziertes Kudu-Horn, das bei der Eunoto-*Zeremonie geblasen wird*

besitzen und außerdem schön und vollkommen gesund sein. Auf einen Mann mit größeren körperlichen Gebrechen wie etwa einem blinden Auge oder einem gelähmten Glied könnte die Wahl nie fallen. Ein *Alaunoni* darf niemals einen Menschen getötet haben oder mit irgendeinem anderen Makel, einem Fluch etwa, behaftet sein. Seine Eltern müssen noch leben und ebenfalls Ansehen genießen. Vor der Wahl konsultieren die Krieger zudem noch den *Laibon,* und falls er Einwände gegen eine bestimmte Person äußert, kommt diese als Kandidat nicht mehr in Frage.

Vor der Wahl besorgt man ein neues Gewand aus Schaffell und die *Isurutia,* einen Schmuck aus Messing. Beide Gegenstände gelten als Fruchtbarkeitssymbole und werden bis zum Tag der Zeremonie aufbewahrt. Der auserwählte *Alaunoni* trägt die *Isurutia* um den Hals; deshalb wird er später auch häufig *Oloosurutia,* »der mit der *Isurutia*«, genannt. Er erfährt von seiner Wahl übrigens erst zu Beginn der Feierlichkeiten, wenn ihn seine Kameraden plötzlich packen und mit der *Isurutia* schmücken. Erhielte er vorher Kenntnis davon, würde er möglicherweise fliehen und sich verbergen oder sich sogar auf irgendeine Weise für die Wahl disqualifizieren, etwa indem er einen anderen verletzt oder gar sich selbst Wunden zufügt. Es bedeutet zwar eine große Ehre, zum *Alaunoni* bestimmt zu werden, zugleich stellt es aber auch eine schwere Bürde dar, die kein Krieger gerne auf sich nehmen will: Der *Alaunoni* ist verantwortlich für die gesamte Kriegergeneration, die in den Älterenstand übertritt.

Die Festteilnehmer wählen noch einen anderen angesehenen Krieger, den *Alabaroenkeene,* der einen Ochsen als Opfertier zur Verfügung stellen muß. Er wird die Zeremonie zusammen mit dem *Alaunoni* und dem *Alaigwanani,* der bereits während der Beschneidungszeremonie bestimmt wurde, leiten.

Die *Eunoto*-Feier selbst dauert vier Tage. Während dieser Zeit errichtet man eine Manyatta mit 49 Wohnhäusern und einem Zeremonialhaus, schert den Kriegern die langen Haare, schlachtet Ochsen auf rituelle Weise und brät sie für die Teilnehmer. Zu einer *Eunoto*-Zeremonie finden sich immer zahlreiche Gäste ein, die zwischen den Hauptereignissen ausgiebig tanzen und singen. Das Zeremonialhaus *(O-singira)* entsteht im Zentrum der Manyatta. Es hat eine runde Form und unterscheidet sich mit seinem kegelförmigen Strohdach deutlich von den sonst üblichen Massai-Behausungen, die Flachdächer tragen. Das *O-singira* darf nur von Müttern erbaut werden, die niemals sexuelle Beziehungen zu Kriegern aus der Generation ihrer Söhne unterhielten. Die gesamte Festverpflegung – Milch, gebratenes Fleisch und Honigbier für die Älteren – wird hier aufbewahrt und von den ›Paten‹ an die Festgäste verteilt. Allen Hauptereignissen der Eunoto-Feier dient das Zeremonialhaus als Mittelpunkt.

Ist das *O-singira* fertiggestellt, ziehen sich die Krieger an einen abgelegenen Platz am Fluß zurück, wo die Alten bereits *Enturoto* vorbereitet haben. Die Krieger bemalen ihre Körper mit dieser weißen Kalkfarbe und kehren singend in einer langen Prozession zu ihrer Manyatta zurück. Nun ist einer der bewegendsten Momente der Zeremonie gekommen, denn die Mütter scheren ihren Söhnen die langen, geflochtenen Haare, die vorher mit einer Mischung aus Wasser und Milch angefeuchtet werden, um die Prozedur zu erleichtern. Eine Mutter, die sexuelle Kontakte zu einem Standesgenossen ihres Sohnes unterhielt, darf ihrem Sohn nicht die Haare abschneiden; sie muß diese Aufgabe einer Verwandten überlassen. Der *Alaunoni* wird als erster geschoren. Die Krieger sitzen während des Rituals übrigens auf demselben Kuhfell, das ihnen schon während ihrer Beschneidung als Unterlage diente. Falls dieses Fell nicht mehr vorhanden ist, muß ein ebenso makelloses Ersatz bieten. Ist die Rasur beendet, reibt man den Kopf des Kriegers mit Ocker und Tierfett ein.

Oft geraten die Krieger aus Schmerz über den Verlust ihrer schönen langen Haare, den Stolz ihrer besten Mannesjahre, an den Rand der Verzweiflung; sie zittern dann am ganzen Körper und haben Schaum vor dem Mund. Sie fürchten die künftige Position eines Älteren, die ihnen das Nahen des Alters anzeigt und das Ende der Kriegerkameradschaft bedeutet. Besonders unglücklich sind sie, wenn ihre Mütter sie nicht selbst scheren durften. Manche von ihnen, vor allem die etwas jüngeren, lassen nach Abschluß der Zeremonie ihre Haare wieder wachsen.

Während der *Eunoto*-Zeremonie dürfen nur Krieger, die nie mit beschnittenen Frauen geschlafen haben, das *O-singira* betreten. Die Eltern halten sich meist in der Nähe des Hauses auf, um herauszufinden, ob ihr Sohn zu denjenigen gehört, die nicht hineingehen, und ob er sich demnach eines Fehltritts schuldig gemacht hat. Nach Auffassung der Massai wird ein Krieger, der trotz einer sexuellen Verfehlung das *O-singira* betritt, verflucht sein und sterben. Deshalb gilt ein Mann, der sich hier aufhalten kann, ohne daß ihn danach ein Unglück heimsucht, als ehrenwert, und die Mitglieder seines Clans beschenken ihn mit Rindern.

Am Ende der Zeremonie führt man dem *Alaunoni* ein Mädchen aus einer hoch angesehenen Familie zu, das er nach der Feier heiraten wird. Alle etwaigen früheren Heiratsversprechungen des Mädchens sind damit außer Kraft gesetzt. War sie bereits mit einem anderen Krieger verlobt, muß dieser sich mit Rücksicht auf die Interessen der Gemeinschaft von ihr trennen. Auch der *Alaunoni* ist verpflichtet, das Mädchen zu heiraten, wer immer sie auch sei. Dieses Ritual markiert einen neuen Lebensabschnitt für die Krieger: Sie werden bald zu Älteren und dürfen fortan heiraten. Die Festteilnehmer gehen nun auseinander, und die Manyatta bleibt verlassen zurück.

Bevor die Krieger endgültig in den Älterenstand eintreten, müssen sie noch zwei weitere, kleinere Feiern absolvieren, die »Milchzeremonie« und die »Fleischzeremonie«. Bei der

»Milchzeremonie« *(Eewokoto Ekole)* erhält jeder Teilnehmer von den Älteren Milch. Damit soll angezeigt werden, daß von nun an jeder Krieger seinen Trank auch allein zu sich nehmen darf, daß also das Gebot, dies nur in Gemeinschaft zu tun, keine Gültigkeit mehr hat. Die Feier findet in den Häusern der einzelnen Krieger statt, wo man eigens geschlachtete Schafe gemeinsam mit der Familie und mit Freunden verzehrt.

Die zweite und wichtigere Zeremonie heißt *Enginasataa Oongiri,* die »Feier des gemeinsamen Fleischessens«. Sie stellt das letzte Ritual vor Erreichen des Älterenstandes dar. Zum ersten Mal seit der Beschneidung darf ein Mann nun wieder in Gegenwart einer beschnittenen Frau Fleisch essen. Ist der betreffende Mann bereits verheiratet, bereitet ihm seine Ehefrau das Fleisch. Ist er dagegen noch Junggeselle, muß ihm eine andere Ehefrau aus seiner Generation das Essen reichen. Es muß sich dabei allerdings um eine Frau handeln, die stets alle sexuellen Verhaltensregeln eingehalten und vor allem niemals mit einem der neuen, jungen Krieger geschlafen hat. Diejenigen Frauen, die Ehebruch mit den neuen Kriegern begangen haben, müssen sich am Tag der Feier das Gesicht zur einen Hälfte weiß und zur anderen schwarz bemalen, während die unbescholtenen Frauen weiße und rote Farben tragen.

Die Zeremonie findet an einem einzigen Tag statt; ihre Vorbereitung dauert allerdings etwa einen Monat. Die alten Angehörigen des Älterenstandes überwachen und leiten die Feier, zu der manchmal mehr als 1000 Teilnehmer kommen. Große Mengen von Honigbier und zahlreiche Ochsen sind nötig, um diese gewaltige Menschenschar zu verköstigen. Wie bei allen Massai-Zeremonien wird auch hier viel gesungen und getanzt. Die Krieger sitzen dabei abgesondert von den anderen Zuschauern, denn den meisten Ritualen unterziehen sie sich als Gruppe und nicht einzeln. So werden sie zum Beispiel beständig von den Älteren mit den Worten: »Gedeihet, ruht, habt Kinder, habt Rinder« gesegnet. Es ist höchst eindrucksvoll, wenn fast 1000 Menschen diese Segenswünsche aufnehmen und ihnen einstimmig antworten.

Zum Abschluß der Zeremonie verlassen die Teilnehmer den Kraal unter Gesängen in einer Prozession, dann kehren sie durch das Haupttor langsam und in langen Reihen wieder zurück. Zu beiden Seiten des Eingangs, der mit heiligen Palmenzweigen geschmückt ist, stehen zwei Ältere. Sie besprengen das Gesicht und den Bauch jedes Vorbeiziehenden mit dem Fett eines makellosen Schafes. Unfruchtbare Frauen kommen ebenfalls zu der Zeremonie, um den gemeinsamen Segen der Älteren zu empfangen, der ihnen den erhofften Nachwuchs schenken soll. Die übrigen Zuschauer vergnügen sich mit Gesängen oder widmen sich – wie vor allem die Alten – dem Genuß von Milch, Honigbier und Fleisch. Die Feierlichkeiten füllen den ganzen Tag mit größter Betriebsamkeit und enden erst bei Sonnenuntergang. Die neuen Älteren kehren nun nach Hause zurück, den wachsenden Aufgaben und Pflichten des Älterenstandes entgegensehend.

Krieger zu werden ist der Traum jedes Massai-Jugendlichen; das Wort selbst scheint schon magische Kräfte in sich zu bergen. Ein Krieger muß stark, klug, mutig, zuversichtlich, weise und edel sein. Er muß Löwen für die Ausstattung seines Kopfschmucks jagen, seine Herden vor Raubtieren schützen, gestohlenes oder verirrtes Vieh oft von weit her zurückholen und die Gemeinschaft schützen. Krieger leben in enger Brüderschaft zusammen; sie teilen alles miteinander, vom Essen bis zu den Mädchen. Daneben bringen die Krieger der Gemeinschaft auch Abwechslung, Abenteuer und Romantik; ohne ihre Lieder, ihre Poesie, ihr Liebeswerben und ihre kühne Männlichkeit wäre das Leben der Massai nicht das, was es ist.

Ein junger Krieger läßt sich das Haar lang wachsen und bemalt seinen Körper mit Ockerfarbe. Bunte Perlen, Knöpfe und Metallgeschmeide schmücken sein Ohr, und Perlenhalsbänder, von seinen Freundinnen angefertigt, hängen auf Brust und Rücken herab. Um den Hals trägt er auch ein Band aus der inneren Haut eines Ziegenmagens mit eingepreßten, wohlriechenden Pflanzensamen. An der Vorderseite des Halsbandes ist eine Scheibe aus der Schale eines Krokodilseies befestigt.

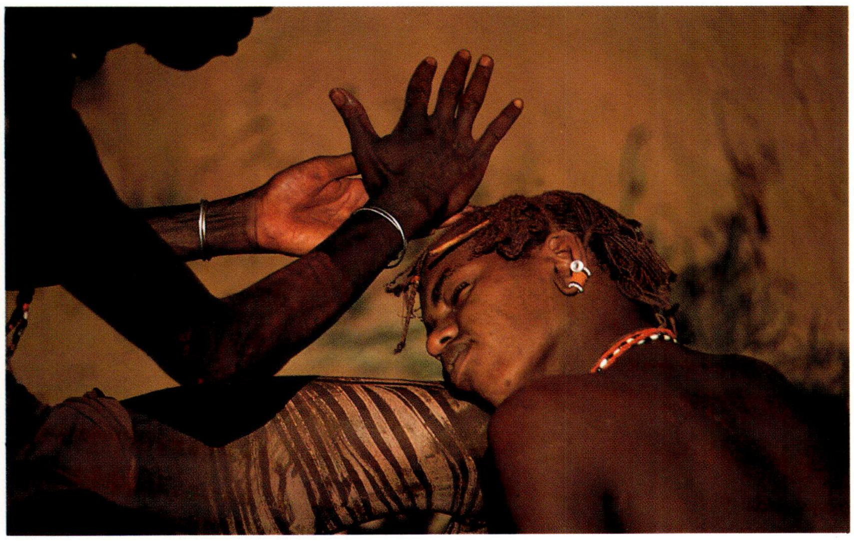

Die Krieger verbringen viel Zeit mit der Pflege ihrer Frisur. Sie reiben das Haar mit Tierfett und Ocker ein, scheiteln es quer über den Kopf von Ohr zu Ohr und flechten es dann in viele dünne Zöpfe, die sie häufig noch durch eingewirkte Baumwoll- oder Wollfäden verlängern. Das geflochtene Haar kann lose herabhängen oder mit Leder zu einem Zopf zusammengebunden werden.

Der zweite wichtige Körperschmuck der Krieger ist die Beinbemalung. Die Beine werden mit einer Ockerschicht bedeckt, in die man die gewünschten Muster mit den Fingern einzeichnet.

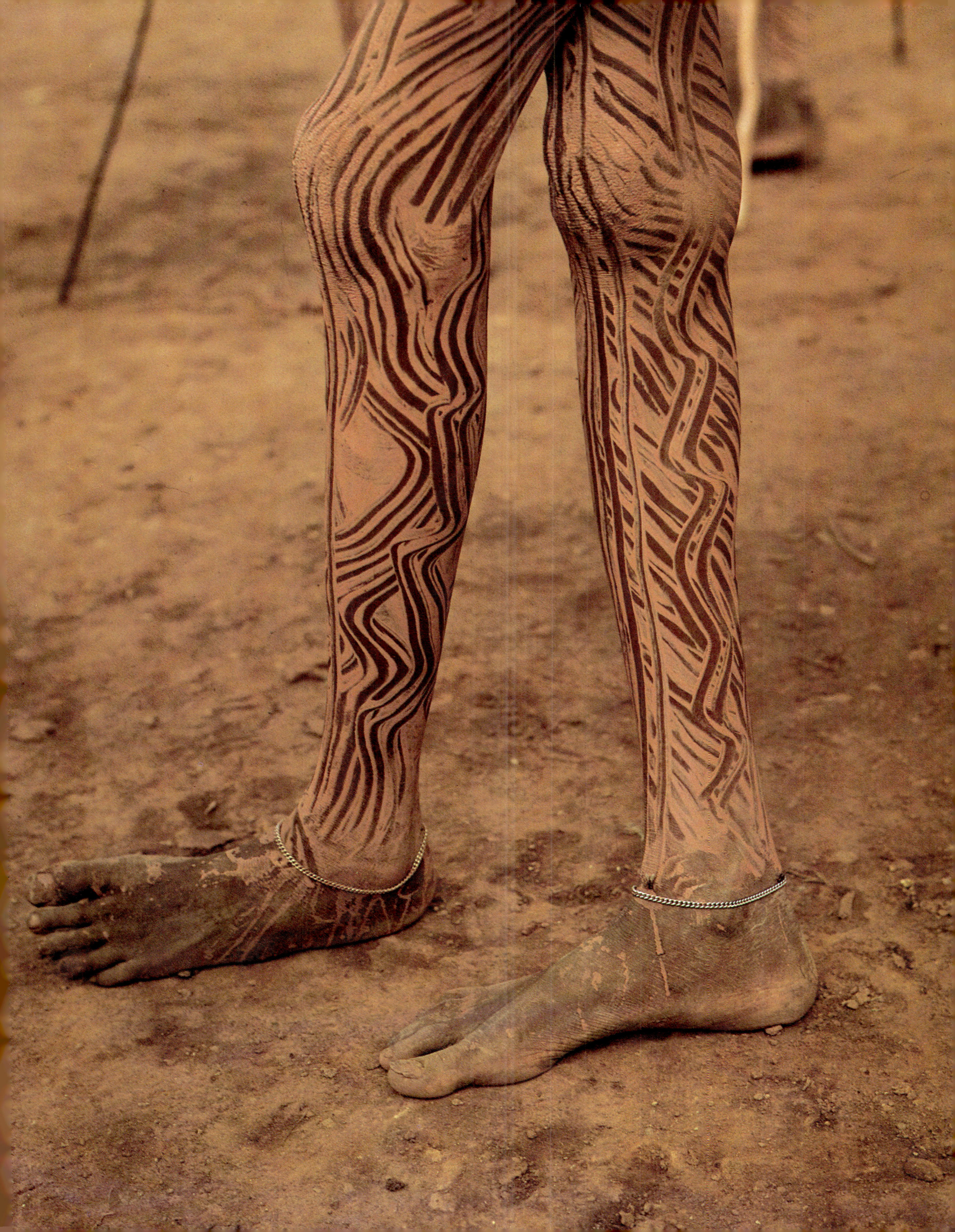

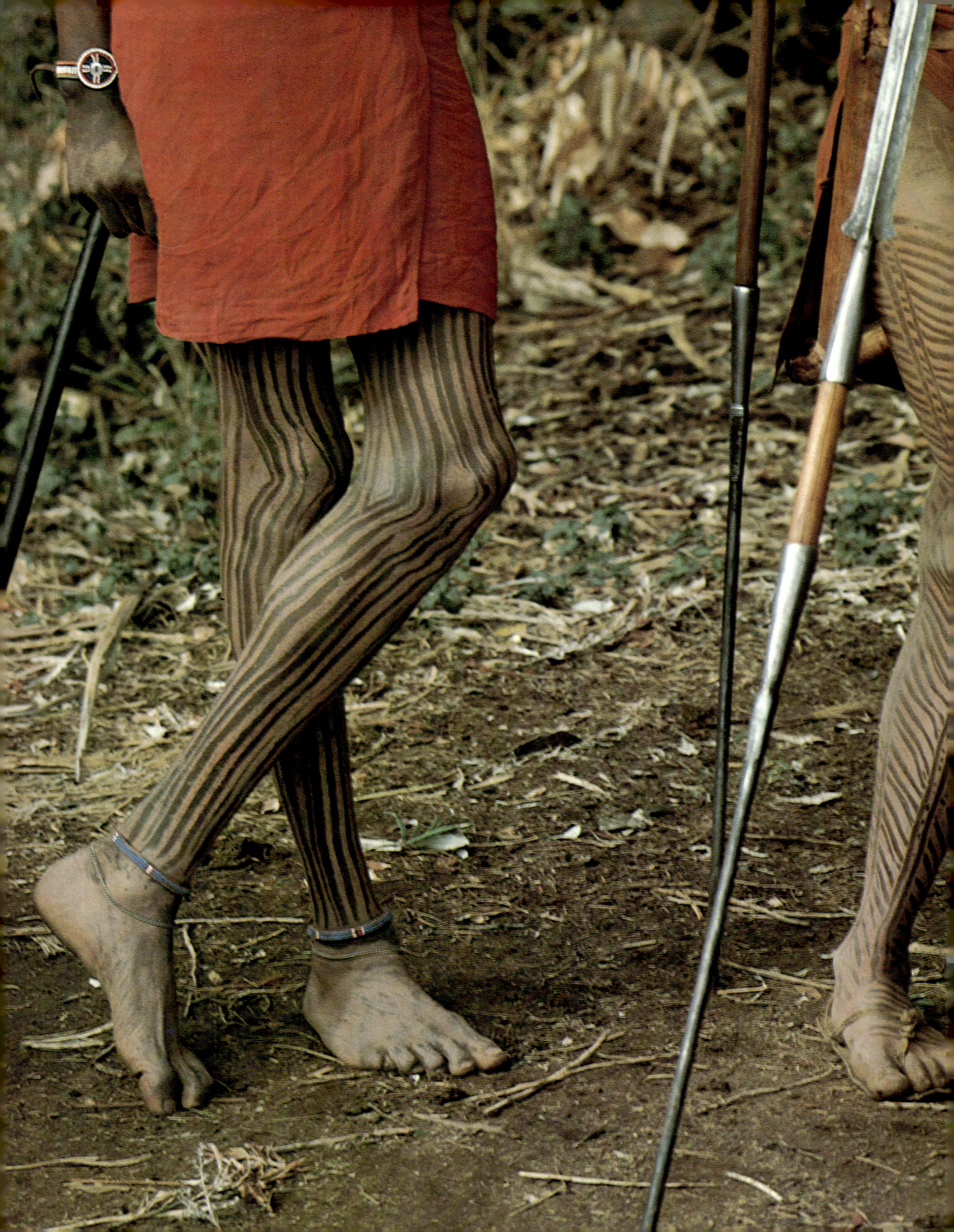

Der größte Teil des Massai-Schmucks besteht aus Perlenarbeiten, die von Männern und Frauen gleichermaßen getragen werden. Ein Massai-Wörterbuch führt über 40 Begriffe für verschiedene Arten von Perlenschmuck auf. Die Krieger tragen solche Verzierungen auf dem Kopf, am Hals, an den Ohren, an Armen und Beinen und auch an dem schmalen Gürtel, der die Scheide für das Kurzschwert hält. An der Rückseite dieses Gürtels ist oft ein perlenbesetzter Lederstreifen befestigt. Den gesamten Perlenschmuck der Krieger fertigen Frauen, vor allem die Freundinnen der jungen Männer. Als besondere Zeichen der Liebe gelten Fußringe und Oberarmbänder. Der Krieger trägt sie für lange Zeit und erhält sie entweder als Geschenk von seinem Mädchen oder im Tausch von einem Kameraden.

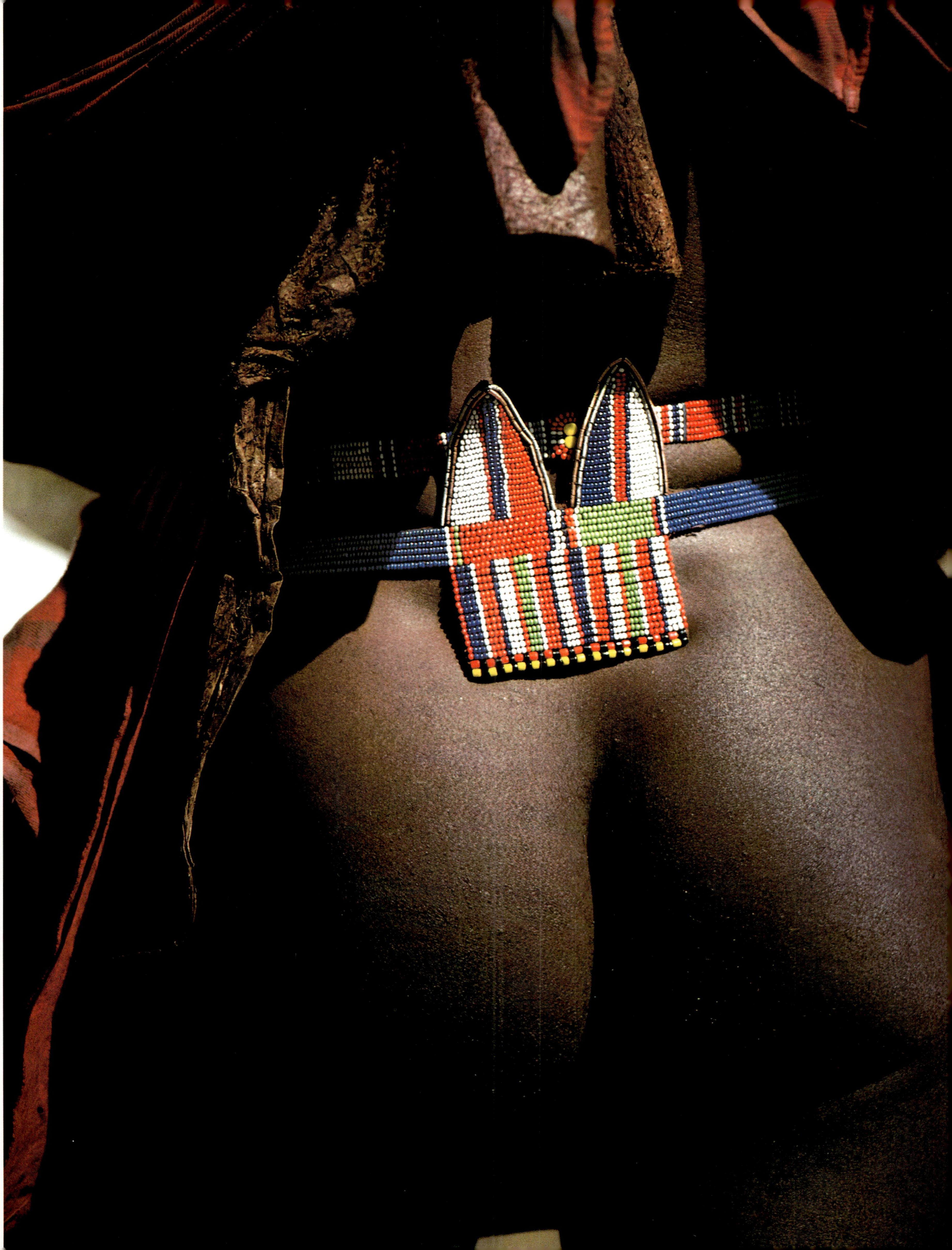

Krieger ziehen sich häufig in ein Festlager *(Olpul)* tief im Busch zurück, fern von allen Frauen. Dort sammeln sie Kräfte, tauschen ihr Wissen aus und bereiten sich auf Löwenjagden und Rinderraubzüge vor. Zu Beginn der Lagerzeit wird ein Ochse, ein Lamm oder eine Ziege durch Ersticken getötet. Man trinkt das Blut des Tieres, solange es noch warm ist, verspeist Herz, Nieren und Leber und zieht das Fell ab. Das magere Fleisch wird auf dünnen Spießen aufgespannt und über dem Feuer geröstet, die fetten Stücke dagegen werden in einem Lederbehälter aufbewahrt und später zu einer Fleischsuppe verkocht. Diese Suppe mischt man mit einem Sud aus Akazienrinde, der Mut verleihen soll.

Aus der Einsamkeit des *Olpul* zurückgekehrt, besuchen die Krieger ihre Freundinnen und führen Wettkämpfe miteinander durch. Sie liefern sich Scheingefechte mit langen Blätterzweigen, laufen um die Wette, messen sich im Speerwurf oder bewerfen einander mit Sisalstöcken, die mit dem Schild abgewehrt werden müssen. Am Abend treffen sich die Krieger mit den Mädchen zu Tanz und Gesang. Zu ihren Weisen gehören überlieferte wie selbstgeschaffene Lieder. Ohne die Begleitung von Instrumenten tanzen die jungen Männer und Mädchen zu den gleichförmigen Rhythmen der rauhen Kriegergesänge und zu den sanfteren Melodien, die einzelne, besonders begabte Sänger vortragen.

Massai-Krieger führen häufig Hüpftänze durch, bei denen sie um die Höhe ihrer Sprünge wetteifern, aber auch Gefühl für Anmut beweisen. Die Krieger stellen sich im Kreis auf und singen in schnellem, stampfendem Rhythmus. Einer oder zwei von ihnen treten nun vor und beginnen, rhythmisch auf und nieder zu hüpfen. Als besonders gekonnt gilt es, auf dem höchsten Punkt des Sprungs die Schultern leicht erzittern zu lassen.

Die bedeutendste Feier im Leben eines Kriegers ist die *Eunoto*-Zeremonie, die den Übergang in den Älterenstand markiert und durch die der Massai heiratsfähig wird. Ihre Vorbereitungen dauern Monate: Aus Löwenmähnen und Straußenfedern werden prächtige Kopfverzierungen hergestellt, und die Kuduhorn-Trompeten schmückt man mit Löwenschwänzen. An einem Ort, den der *Laibon* selbst bestimmt, bauen die Mütter der Krieger eine ausgedehnte Manyatta. Von weit entfernten Festlagern strömen Hunderte von Kriegern unter dem Klang von Kuduhörnern und Beinschellen herbei. Manche von ihnen geraten in Erwartung des nahenden Festes in Trance; ihre Muskeln versteifen sich, sie stoßen tierähnliche Laute aus und Schaum tritt vor ihren Mund. Ihre Mütter und ihre Kameraden müssen sie wieder beruhigen.

Begleitet von Hörnern und Gesang und in weite Umhänge gehüllt, vollführen die Krieger am nächsten Morgen den *Enkipaata*-Tanz: Mit wildem Gebaren laufen sie um die Manyatta, fallen ab und zu auf die Knie nieder und schütteln dabei heftig ihre Kopfrahmen.

Nach dem *Enkipaata*-Tanz bauen die 49 Mütter, deren Söhne als die besten Krieger ihrer Generation gelten, eine zweite Manyatta aus 49 fellverkleideten Hütten. In ihrem Zentrum wird das *O-Singira* errichtet, das Haus für die heiligsten Rituale. Nur diejenigen Krieger, die niemals sexuelle Beziehungen zu beschnittenen Frauen unterhalten haben, dürfen das *O-Singira* betreten und die Nacht darin verbringen. Sie trinken dort Milch und werden in besonderer Weise gesegnet.

Während der *Eunoto*-Zeremonie ehren die Krieger ihre Mütter mit einem besonderen Ritual. Ein weißer Ochse wird in der Mitte der Manyatta gebraten, und einige auserwählte Krieger verteilen die besten Stücke seines Fleisches an die Mütter, die sich in einem großen Kreis niedergelassen haben. Die Krieger scherzen und unterhalten sich dabei mit den Frauen so, als ob diese nicht ihre Mütter wären. Ihre Bemerkungen enthalten viele sexuelle Anspielungen und anzügliche Witze.

Unterdessen haben sich kleine Gruppen von Kriegern außerhalb der Manyatta versammelt, um sich mit Ocker zu bemalen. In die besonders dick aufgetragene Farbe werden mit den Fingern komplizierte Muster eingezeichnet.

Einer der bewegendsten Momente der *Eunoto*-Zeremonie ist gekommen, wenn den Kriegern die langen, geflochtenen Haare geschoren werden. Im Morgengrauen treffen sich Mutter und Sohn vor ihrer Hütte; die Mutter befeuchtet den Kopf des Sohnes mit Milch und rasiert ihm dann langsam und sorgfältig die Haare ab. Jeder Krieger trauert, wenn seine langen Zöpfe fallen.

Es ist eine Ehre für eine Mutter, ihren Sohn auf diese Weise auf den Älterenstand vorzubereiten, denn sie darf seinen Kopf nur dann scheren, wenn sie niemals mit einem Krieger aus der Generation ihres Sohnes geschlafen hat. Der frischrasierte Kopf wird mit Ocker eingerieben, dann kommen die Festteilnehmer zu Tanz und Gesang zusammen, um gemeinsam ihrer vergangenen Kriegerzeit zu gedenken.

Früh am nächsten Morgen wandern die Krieger zu einem heiligen Berg, wo sie geheime Rituale vollziehen und weitere Segenswünsche der Älteren empfangen.

Am letzten Tag der *Eunoto*-Zeremonie versammeln sich die Krieger noch einmal. Sie setzen sich in einem Kreis im Zentrum der Manyatta nieder, um eine Reihe von Segnungen der Älteren entgegenzunehmen. Zunächst reicht man ihnen Milch in einer Kalebasse, die mit Kaurimuscheln verziert ist. Dann malen die Älteren ihnen mit weißer Kalkfarbe einen Kreis auf ihr Gesicht und lange Linien auf Rumpf, Arme und Beine. Danach rücken die Krieger eng zusammen, und die Älteren bespeien sie mit Honigbier. Nach dieser letzten Segenshandlung geben die Älteren ihren neuen Standesgenossen noch wohlwollende Ratschläge mit auf den Weg, dann verlassen alle die Manyatta und kehren nach Hause zurück.

Ilpayiani: die Älteren

»Jetzt, wo du ein Älterer bist, leg deine Waffen nieder und verlasse dich statt dessen auf Verstand und Weisheit.« »Meistere die Kunst der Rede und sei weise!« »Die Verantwortung für eine Familie ruht auf deinen Schultern.« An solche und ähnliche Ratschläge denkt ein Massai, wenn er sein neues Leben als Älterer beginnt und sich auf die vielfältigen neuen Pflichten vorbereitet, die ihn nun erwarten. Vor allem wird er heiraten wollen. Schon in der Zeit, wo sein Übertritt in den Älterenstand noch bevorsteht und er noch den Kriegern angehört, schenkt er seinem künftigen Schwiegervater erhöhte Aufmerksamkeit. Häufig besucht er seine Verlobte und bringt Geschenke mit, um ihren Eltern zu zeigen, wie groß sein Verlangen ist, die Tochter zu ehelichen. Er ist auch sehr darum bemüht, den Alten, die über die neue Generation der Älteren wachen werden, den nötigen Respekt zu erweisen, denn sollte er es daran mangeln lassen, könnten sie ihn bestrafen. Geschieht dies, darf er erst dann heiraten, wenn er die Strafe – etwa eine Färse oder eine gewisse Menge Honigbier – bezahlt hat. Mitunter nutzen einige Alte diese unsichere Position eines Heiratswilligen dazu aus, ihm früheres Fehlverhalten wie beispielsweise Ungehorsam heimzuzahlen. Da sich die frischgebackenen Älteren nichts sehnlicher wünschen, als zu heiraten, fürchten sie den Zorn der Alten sehr.

Nun, da die Zeit der Kriegerkameradschaft vorbei ist, sucht der neue Ältere einen Ort, wo er sich niederlassen kann, sowie eine oder auch mehrere Lebenspartnerinnen, denn Polygamie ist bei den Massai gestattet. Die Alten verlangen allerdings für ihre Töchter nicht nur einen Brautpreis, sie wollen auch sicher sein, daß die künftigen Ehemänner ihre Gattinnen ausreichend versorgen können. Getreu dem Sprichwort »Wer Rinder liebt und hart arbeitet, bekommt, was er will!« geben die Alten deshalb einem Freier mit großem Rinderbesitz stets den Vorzug vor einem Habenichts. Obwohl die meisten Ehen schon in jugendlichem Alter verabredet werden, kann der Vater des Mädchens die Vereinbarung auflösen, wenn er zu einem späteren Zeitpunkt einen geeigneteren Gatten für sie findet. Viele Familien bleiben allerdings aus Loyalität und Stolz unbeirrbar bei einer einmal getroffenen Entscheidung.

Ein Massai-Mädchen kann schon in frühester Kindheit verlobt werden, manchmal sogar vor der Geburt. Es ist nämlich durchaus möglich, daß die Eltern eines Sohnes einem frisch verheirateten Paar einen Messingring oder eine Halskette schenken, mit der Bitte, eine eventuelle Tochter aus der jungen Ehe solle die Braut ihres Sohnes werden. Wird das Paar dann tatsächlich mit einer Tochter gesegnet, beeilen sich die Eltern des Sohnes, den alten Anspruch zu bekräftigen, indem sie der jungen Mutter ein fettes Schaf zum Schlachten überreichen. Sie fahren fort, Geschenke zu bringen, bis die Tochter mündig wird. Nimmt die Familie des Mädchens diese Gaben weiterhin an, sind die Aussichten für eine spätere Hochzeit gut. Eine Ablehnung dagegen, zu welchem Zeitpunkt sie auch erfolgt, deutet auf einen Sinneswandel der Familie des Mädchens hin.

Nach der Beschneidung der Braut wird der künftige Ehemann immer ungeduldiger, und schließlich fordert er ihre Familie auf, die Tochter freizugeben. Er bringt die vorgeschriebenen Geschenke, Tabak und Honig oder eine junge Kuh. Werden diese akzeptiert, kann die Hochzeit stattfinden, und die Frau verläßt den elterlichen Kraal, um in den ihres Mannes zu ziehen.

Eine andere Form der Verlobung findet man häufig in *Laibon*-Familien: Der Mann legt dem Mädchen seiner Wahl eine Metallkette um den Hals, um so sein Interesse an einer Heirat kundzutun. Die Neuigkeit verbreitet sich schnell im

Links: *Am frühen Morgen blickt* Naikosiai, *der Bruder des Autors, auf seine Herde. Noch am gleichen Tag wird er die Zeremonie vollziehen, die es ihm erlaubt, seine Kinder beschneiden zu lassen – ein stolzer Augenblick im Leben eines Massai*

Kraal, und die Eltern des Mädchens erwarten den baldigen Besuch des Mannes, damit er seine Absichten offen erkläre. In der Zwischenzeit besorgt der Bräutigam etwas Honig, den er seiner Mutter gibt. Zusammen mit einer anderen Frau aus dem Clan ihres Sohnes bringt die Mutter diesen Honig und etwas Milch zu den Eltern der Braut. Dieses Geschenk gilt als formelle Erklärung der Heiratsabsicht und ist unter dem Namen *Esiret Enkoshoke* (»Honig für den Magen«) bekannt. Aus dem Honig wird nicht wie üblich Bier gebraut, vielmehr dient er den Frauen im Haushalt der Braut als Leckerbissen. Kurz vor der Hochzeit bringt der künftige Gatte noch einmal eine größere Menge Honig und etwas Milch zum Haus der Brauteltern. Aus diesem Honig, der *Enkiroret* (»Honig für die Beratung«) heißt, bereitet man nun Bier. Danach lädt der Vater der Braut seine Verwandten und die Kameraden seiner Altersklasse ein, um beim Bier die Vorzüge und Schwächen des Heiratskandidaten zu erörtern.

Haben sie das Bier getrunken, rufen sie den Bewerber herbei und teilen ihm mit, ob sein Antrag annehmbar ist oder nicht. Wird er akzeptiert, beginnt eine lange und enge Beziehung zwischen dem Bräutigam und seinen künftigen Schwiegereltern. Wird sein Antrag dagegen abgelehnt, ist die ganze Brautwerbung beendet. Der enttäuschte Bewerber erhält keinen Ersatz für seinen Honig, alle anderen Geschenke an die Familie des Mädchens, wie etwa Schafe und Ziegen, werden ihm allerdings zurückgegeben.

Noch eine dritte Form der Verlobung kennen die Massai: Ein junger Krieger kann sich entschließen, die Schwester eines anderen Mannes zur Braut zu wählen und diesem dafür die eigene Schwester als Gattin zu versprechen.

Wie auch immer die Verlobung vonstatten gehen mag – ist ein Freier akzeptiert worden, überbringt er der Familie seiner Braut so viele Geschenke, wie er nur eben aufbringen kann. Im Laufe der Zeit wächst der Wert dieser Gaben immer mehr, bis er schließlich die Höhe des geforderten Brautpreises erreicht hat. Der Verlobte kann sich nun in der Sicherheit wiegen, daß fortan kein Rivale mehr um sein Mädchen werben darf. Der Brautpreis dient vor allem zur Besiegelung des Ehevertrages, weniger zur Anhäufung von Reichtümern. Traditionell besteht er aus zwei jungen Kühen, einem jungen Ochsen, einem Mutterschaf, Tabak, Honig und zwei Schaffellen. Der Bräutigam muß eine der jungen Kühe persönlich dem Vater seiner Braut überreichen; beide nennen einander fortan in Erinnerung an das Geschenk *Pakiteng* oder *Entawuo* (»Kuh« oder »Färse«). Das Mutterschaf schenkt der künftige Ehemann der Mutter seines Mädchens, und sie grüßen einander nunmehr mit dem Ausdruck *Paker* (»Mutterschaf«). Der Schafbock wird geschlachtet und ein Teil seines Fettes mit Ocker vermischt und später für die Bemalung bei Zeremonien verwendet. Aus den zwei Schaffellen fertigt die Mutter der Braut ein Kleidungsstück für sich an. In manchen Clans darf übrigens das Paar schon heiraten, bevor der ganze Brautpreis bezahlt ist.

Wenn der Zeitpunkt der Heirat näher rückt, belehren die Eltern die Braut über das angemessene Verhalten gegenüber ihrem Ehemann. Man schärft ihr ein: »Das bequeme Leben im Schoße deiner Familie wird jetzt für dich aufhören. Du wirst nicht länger als kleines Kind behandelt werden. Du bist nun für dich selbst verantwortlich, und wir erwarten von dir, daß dir Geben wichtiger ist als Nehmen. Du mußt deinen Ehemann achten und ihm gehorchen. Tust du das nicht, wird er dich schlagen, und wir geben ihm sogar die Erlaubnis dazu. Lauf nicht gleich nach Hause, wenn du einmal mit ihm Streit hast, es sei denn, der Fall ist wirklich ernst und du bist tatsächlich schlecht behandelt worden.« Die Mutter des Mädchens klärt aber auch den künftigen Ehemann darüber auf, wie ihre Tochter denkt und fühlt und wie er sich ihr gegenüber verhalten soll. Der Vater gibt ihm den Rat: »Nimm meine Tochter und behandle sie gut. Laß es nicht soweit kommen, daß sie nach Hause läuft und sich über dein schlechtes Betragen beklagt. Es würde sehr schwer sein, sie wieder zurückzuschicken.«

Eine Massai-Hochzeit bietet ein äußerst farbenfrohes Schauspiel. Die Braut trägt ein langes Gewand aus sehr weich gegerbtem Schaffell, dessen Saum und Mittelteil von der Mutter und anderen Frauen mit bunten Perlenmustern verziert worden sind. Dazu schmückt sich das Mädchen mit zahlreichen Perlenhalsketten. Die herrlichste von allen ist die *Entente,* die Hochzeitskette aus langen Perlenschnüren, die bis zu den Knien reichen. Wohlhabende Familien kaufen teuren Silberdraht, der in Spiralen um die Beine der Braut gewickelt wird. Dieser Schmuck heißt *Isenkenke Olkiteng*. Alles, was die Braut trägt, muß neu sein und von Ocker glänzen.

Die eigentliche Heiratszeremonie ist einfach. Der Kopf der Braut wird rasiert, mit Lammfett eingerieben und dann mit Perlenbändern umwickelt. Danach segnet und wäscht man das Brautpaar mit Milch und befestigt grünes Gras an beider Sandalen und Gewändern. Der Brautvater und seine Altersgenossen trinken Honigbier, gebraut aus den Honiggaben des Bräutigams, und wünschen dem Paar Wohlstand und viele Kinder. Die Mutter und die anderen Frauen der Gemeinschaft führen die Braut aus dem Kraal, und diese weint, um ihre Trauer über die Trennung von ihrer Familie offen zu zeigen. Man warnt sie, sie solle nicht eher zu ihrem Familienkraal zurückblicken, bis sie das Heim des Mannes erreicht habe, denn man ist der Auffassung, sie werde sonst aus Gram zu Stein erstarren. Unterwegs kehren die Begleiterinnen der Frau um, und die junge Ehefrau schreitet nun sehr langsam weiter, nur geleitet von ihrem Mann und dem Brautführer, der alle Hindernisse wie etwa Äste oder Dornen beiseite räumt. Muß ein Fluß überquert werden, trägt der Brautführer das Mädchen hinüber. Bevor die Neuvermählte mit ihrem Mann sprechen oder seinen Kraal betreten darf, muß sie erst von allen Mitgliedern ihrer neuen Familie – vom Vater, der Mutter, den Brüdern und Schwestern und sogar von den Freunden ihres Mannes – Geschenke in

Form von Vieh erhalten. Der Wert dieser Gaben hängt von der Größe der Familie ab. Erst dann begibt sie sich in ihr neues Heim, daß sich vorläufig im Haus ihrer Schwiegermutter befindet. Zwei Tage lang, bis ihr der Kopf von der Schwiegermutter abermals geschoren wird, schläft sie nicht bei ihrem Ehemann, und dieser wiederum ißt keine Nahrung, die aus dem Haus kommt, in dem sie wohnt. Später baut sich das junge Paar dann ein eigenes Heim.

Die erste Frau eines Massai-Mannes errichtet ihr Haus rechts vom Haupttor seines Kraals, die zweite links davon. Heiratet der Mann ein weiteres Mal, baut die neue Gattin wieder rechts vom Haupttor und die nächste wieder links davon. Die erste Ehefrau bleibt stets die oberste Wächterin über alle Angelegenheiten des Haushalts, doch genießt sie nicht unbedingt auch die größte Zuneigung ihres Mannes. Jede der Frauen kann die *Enkirotet,* die Lieblingsgattin, oder die *Endingi,* die am wenigsten bevorzugte Frau, sein. Zwischen den verschiedenen Gattinnen kommt es natürlich zu Eifersuchtsszenen, aber der Ehemann wird immer darauf achten, die wichtigsten Bedürfnisse jeder Frau zu befriedigen. Bleibt einer dieser Wünsche wie etwa der nach eigenen Kindern, Nahrung oder Schutz unerfüllt, kann die Frau zu ihren Eltern zurückkehren.

Traditionsgemäß fungiert der Mann als Haupt der Familie. Die Frau ist zwar für die Führung des Haushaltes verantwortlich, besitzt aber nur wenig Einfluß auf wichtige Entscheidungen und muß ihrem Mann stets Achtung erweisen. Der Ehemann darf seine Gattin strafen und sogar schlagen; er muß dafür allerdings immer gute Gründe haben, sonst flieht sie zu ihren Eltern oder ihren Verwandten, und es ist dann äußerst schwierig, sie zur Rückkehr zu bewegen. Eine Frau wird immer versuchen, ihrem Mann möglichst viele Nachkommen zu schenken, denn die Massai messen Kindern größte Bedeutung bei. Durch sie lebt der Name eines Mannes für immer fort, und seine Rinder werden stets wohl gehütet sein. Ein Mann kann so viele Frauen heiraten, wie er will, dafür darf eine verheiratete Frau sich junge Liebhaber nehmen. Kinder gehören stets dem Clan des Mannes an. Es gilt zwar nicht als verwerflich, Kinder von fremden Männern zu haben, doch erfüllt es eine Frau mit Stolz, wenn ihr Nachwuchs ihrem Gatten gleicht. Deshalb achten die Frauen meist darauf, während ihrer fruchtbaren Tage nur mit ihren Ehemännern und nicht mit ihren Liebhabern zusammen zu sein.

Von wenigen, besonderen Ausnahmen abgesehen, gibt es keine Scheidungen bei den Massai. Der Grund dafür liegt darin, daß die Heirat ein enges Band zwischen den Familien des Ehepaares knüpft, das sich nur sehr schwer wieder lösen läßt. Zudem ist die Rückzahlung des Brautpreises, die im Falle einer Scheidung zu leisten ist, eine komplizierte Angelegenheit. Die Massai versuchen deshalb immer, zerstrittene Partner wieder zu versöhnen. Man ruft den Rat der Älteren zusammen, der den Streitfall gründlich diskutiert und festzustellen versucht, welchen Beteiligten die größte Schuld

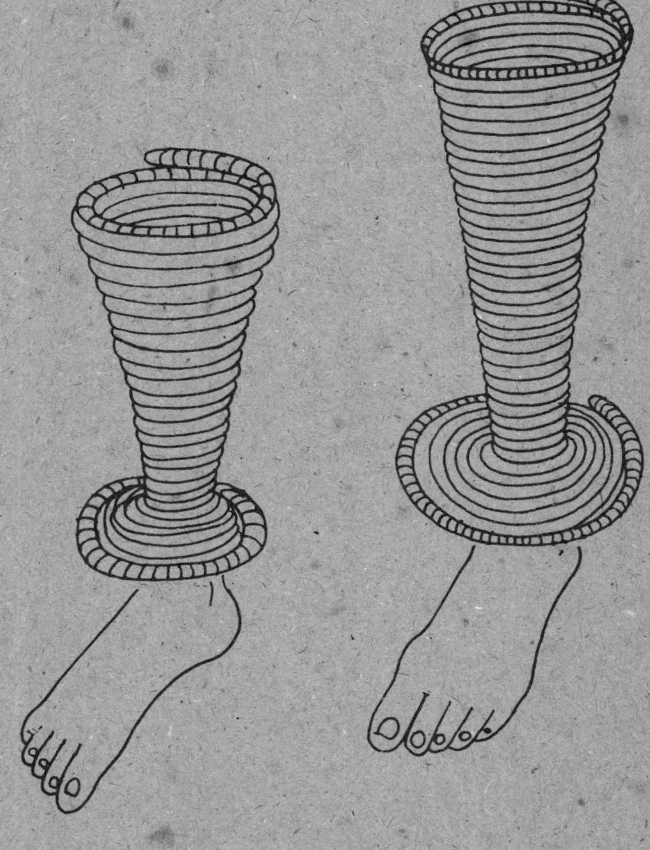

Halskette und Silberspiralschmuck einer Braut

trifft. Dem Verantwortlichen wird eine Rüge erteilt, und er oder sie wird ermahnt, in Zukunft keine Streitigkeiten mehr zu verursachen. Falls die Frau die Schuldige ist, tadelt man sie öffentlich oder schlägt sie. Trägt der Mann die Verantwortung, war er grausam zu seiner Frau und will er auch nicht auf die Mahnungen der Älteren hören, wird seine Frau zum Hause ihres Vaters zurückgeschickt. Ihr Clan muß dann den Brautpreis zurückzahlen, und die Frau kann mit einem anderen Mann verheiratet werden. Hat die Frau bereits Kinder geboren, kann ihre Familie den Brautpreis behalten: Die Kinder, die traditionsgemäß in der Obhut des Mannes bleiben, ersetzen den Wert der Heiratsgaben völlig.

Die neuen Älteren müssen zwei wichtige Zeremonien vollziehen, bevor sie endgültig zum Älterenstand gehören. Die erste heißt *Olngesherr* und bestätigt den neuen Status formell. Den Älteren wird anläßlich dieser Feier ein neuer Gruppenname verliehen, der von nun an ihre Generation bezeichnet. Ein solcher Name kann zum Beispiel *Ilmeshuki* lauten, »die niemals im Krieg Besiegten«. Die verschiedenen Stämme führen die *Olngesherr*-Zeremonie nacheinander durch, so daß der neue Generationsname gleichsam von einem zum anderen wandert.

Zu Beginn der Feier wird ein makelloser Ochse ausgesucht und mit einem übergestülpten Sack erstickt. Dann schlitzt man ihm die Wamme auf, vermischt das herausströmende Blut mit Milch und Honigbier und läßt die neuen Älteren davon trinken. Die Frauen der Älteren errichten inzwischen eine Einfriedung aus Tierfellen, innerhalb derer das Fleisch des Ochsen gebraten wird und wo sich alle Festgäste zum anschließenden Mahl versammeln. Zuvor reibt man den Älteren mit bestimmten Fleischstücken – Brustfleisch etwa – über die Stirn, ein Segenszeichen, das am nächsten Morgen mit Sauermilch wiederholt wird. Danach erhält jeder Festteilnehmer einen Fingerring, gefertigt aus dem Bauchfleisch des geschlachteten Ochsen, und die Alten besprengen die Gesichter der Älteren mit weißer Zeremonialfarbe.

Eine Besonderheit der *Olngesherr*-Zeremonie ist die Weihung der Hirtenstäbe, die die neu bestätigten Älteren fortan tragen. Dazu werden zunächst ihre Brandeisen mit halbflüssiger Butter und Honig bestrichen und ins Feuer gelegt. Beginnen sie zu glühen, taucht man sie in einen Trog voller Kuhharn, und in den nun aufsteigenden Dampf halten die Älteren ihre Hirtenstäbe. Zum Abschluß der *Olngesherr*-Zeremonie breitet man das Fell des geschlachteten Zeremonialochsen aus, und ein besonders angesehener Älterer pflanzt vor jedem Eingang der Manyatta einen grünen Setzling.

Die zweite wichtige Zeremonie beim Übertritt in den Älterenstand heißt *Olkiteng Lorrbaa,* wörtlich: »Ochse, um Schaden zuzufügen«. Es handelt sich dabei um ein Reinigungsritual, das alle vergangenen Missetaten tilgen soll. Jeder Ältere muß sich dieser Zeremonie individuell unterziehen; er erwirbt damit das Recht, seine Kinder beschneiden zu lassen, wenn die Zeit dafür gekommen ist. Der Gastgeber einer *Olkiteng Lorrbaa*-Feier muß einen makellosen Ochsen zur Verfügung stellen, der geschlachtet und dessen Fleisch gebraten verzehrt wird. Berühmt ist die Zeremonie wegen ihrer Scheingefechte zwischen Männern und Frauen. In diesen Wettkämpfen geht es um einen Spieß mit rohem Fleisch, der am späten Nachmittag in der Mitte eines freien Platzes eingerammt wird. Männer und Frauen bilden zwei Parteien, die nun einander angreifen, mit Laubzweigen aufeinander einschlagen und alles daransetzen, den Fleischspieß in ihren Besitz zu bringen. Ein solcher Wettstreit ist ein spannendes Schauspiel, denn die Auseinandersetzung nimmt oft hitzige Formen an. Sie bietet nämlich den Massai-Frauen eine der seltenen Gelegenheiten, ihre Männer zu verprügeln; sie nutzen dies auch weidlich aus und gehen häufig als Sieger vom Platz. Flinke Massai-Frauen, die Stöcke hoch erhoben, stürzen sich auf die Älteren und schlagen sie. Haben sie einen besonders kräftigen und tapferen Mann erspäht, fallen sie zu dritt oder viert über ihn her und lassen nicht eher locker, bis er davonläuft oder um Gnade fleht.

Nach dem Kampf versammeln sich alle Festteilnehmer am Eingang des Kraals, um zu singen und zu tanzen, bis die Rinder von der Weide zurückkehren. Mit Kalebassen voller Milch und Gras in den Händen wartet der Gastgeber, für den die Zeremonie abgehalten wird, mit seiner ersten Frau am Vieheingang, um die Herde zu segnen, wenn sie in den Kraal einzieht. Am Abend führt ihn dann ein angesehener Altersgenosse, dessen Brüder alle noch leben müssen und der noch nie einen Menschen getötet haben darf, zum Hause seiner Mutter. Gemeinsam mit den Älteren essen die beiden dort ein besonderes Stück Fleisch, zubereitet aus der Brust des geschlachteten Ochsen. Die ganze Nacht hindurch trinken die Anwesenden Honigbier, segnen den Älteren, dem die Zeremonie gilt, und singen ihm ihre Lieder. Diese Lieder handeln von wilden Bullen, schönen Ochsen und von Geliebten aus der Jugendzeit. Nachdem die Ehefrauen den Kindern das Essen bereitet haben, nehmen sie am Gesang der Männer teil. Die Massai leben ihr Leben so intensiv wie möglich, und sie bedauern es nicht, zu altern. Sie werden immer sagen, sie hätten die besten Seiten ihres Lebens schon in ihrer Jugend genossen und seien deshalb bereit für alles, was kommen möge, sogar für den Tod.

Die Älteren sind die Familienhäupter, die weisen Männer, Heilkundigen, Ratgeber und Richter der Massai-Gemeinschaft. Als Wächter der Gesetze und geistigen Werte liegt ihr ganzer Stolz darin, Gewissen ihres Volkes zu sein und dieser Verantwortung gemäß zu leben. Als ihre Haupttugenden gelten Selbstbeherrschung und harte Arbeit. Die Älteren fällen alle Entscheidungen, die das Wohl des Massai-Landes betreffen. Sie beraten die jungen Männer in allen Angelegenheiten, schlichten Streitfälle, entscheiden über schwere Strafen und achten darauf, daß zwischen den verschiedenen Altersständen und Clans ein harmonisches Verhältnis herrscht. Sie bilden in der Tat die geistigen Stützen der Massai-Gesellschaft.

Die Älteren organisieren und leiten auch die verschiedenen Zeremonien, wie etwa die *Alamal Lengipaata*-Feier kurz vor der Beschneidung der Knaben. Während der *Laibon* bei den Zeremonien als höchster Würdenträger gilt und glückbringende Amulette anfertigt, ist es die Aufgabe der übrigen Älteren, den vorgeschriebenen Ablauf der Rituale zu überwachen, Ratschläge zu erteilen und darauf zu achten, daß keine Fehler gemacht werden. Es wäre gefährlich, ein Ritual falsch auszuführen oder es gar unbeachtet zu lassen. Als Folge eines solch krassen Fehlverhaltens würden Krankheit, Hunger oder Rindersterben über den gesamten Altersstand kommen.

Die Massai-Älteren sind bekannt für ihre Beredsamkeit und ihre Wahrheitsliebe. Bei Ratsversammlungen zieht sich mitunter eine Gruppe von Älteren zu einer internen Besprechung *(Engilenata)* zurück, um zu beraten, wie sie ihre Ansicht am wirkungsvollsten darlegen soll. Auch auf die Kolonialbehörden machte die Redekunst der Massai wiederholt nachhaltigen Eindruck. Da sie eine ausgefeilte Sprache hoch schätzen, bedienen die Älteren sich eines großen Repertoires an Sprichwörtern und Redewendungen, einige vollenden sogar kaum einen Satz, ohne wenigstens eine solche Redensart einzuschließen. Beliebte Wendungen sind etwa *Metigiran engeju metii emorloo,* wörtlich: »Ein Bein ohne Muskeln kann nicht laufen« (Man kann keine Streitfrage lösen, ohne das Geschick dazu zu haben); *Mengor olekutuk inkulukuok:* »Wer redet, verfehlt kein Ziel« (Wer von schlechten Dingen spricht, beschwört sie herauf); *Epolos engiok enaimin:* »Das Ohr durchdringt Dunkelheit, das Auge nicht«. Man erzählt davon, wie die Massai-Älteren durch Weisheit und Redekunst selbst ihre Feinde zu entwaffnen vermochten:

Es war einmal ein Älterer, der sich aus irgendeinem Grund mit einem Krieger überworfen hatte. Der Krieger wollte den Zwist durch einen Kampf entscheiden und bewaffnete sich mit einem Speer, einer Keule, einem Schwert und einem Schild. Der Ältere besaß dagegen nur seine Weisheit und seinen langen Wanderstock. Er saß allein da und bedachte noch den Ernst der Lage, als der Krieger schon nahte und seine Keule schwang, um ihn niederzustrecken. Glücklicherweise nahm der Ältere gerade noch rechtzeitig den Schatten der drohenden Keule wahr. Er machte aber nicht die geringste Bewegung, sondern meinte nur: »Nur weiter, schlag zu, junger Mann, aber schlage fest genug, um alle Worte auszulöschen. Ja, die edle Wahrheit! Ist es nicht eigentlich die Wahrheit, die du fürchtest?« Als der Krieger diese Worte hörte, erlahmte sein Arm, und er konnte den Schlag nicht mehr ausführen. Der Ältere befahl ihm zu gehen und sprach: »Der Stock, der die Wahrheit

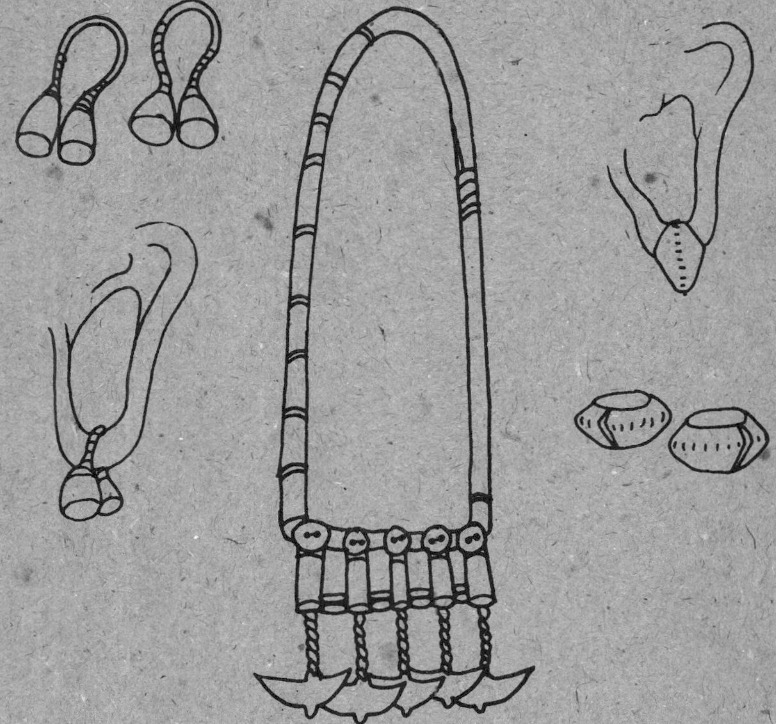

Halskette und Ohrschmuck der Älteren

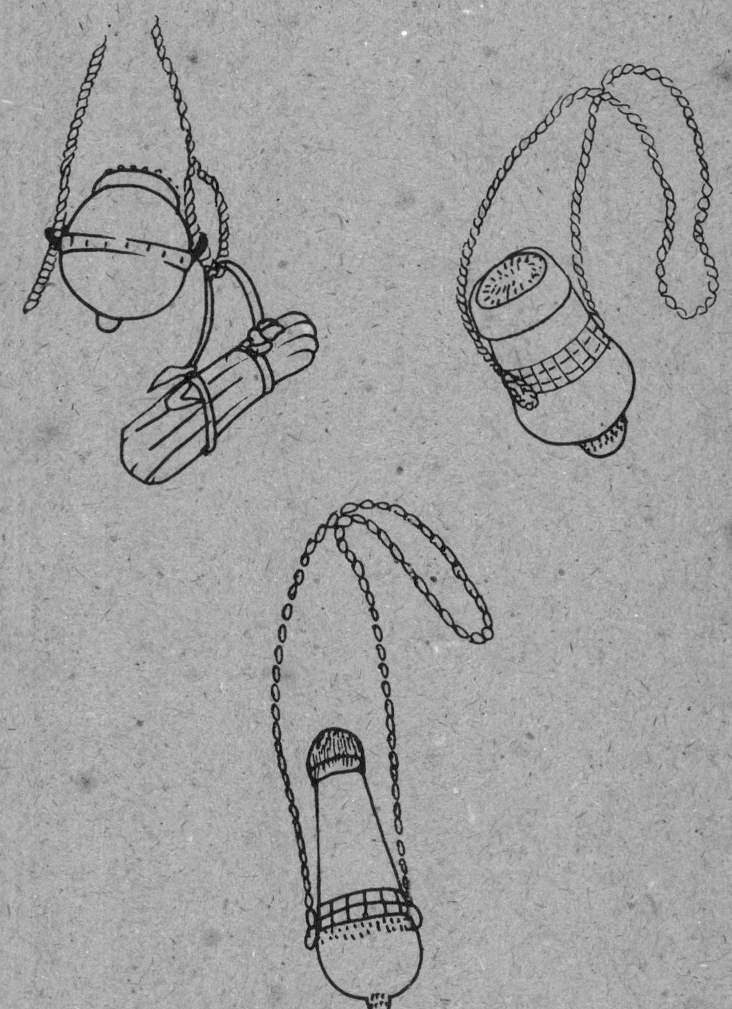

Behälter für Schnupftabak

erschlagen kann, muß größer sein als die Keule in deiner Hand.«

Die Älteren erwarten Gehorsam und Respekt von den Jungen. Wenn jemand einen Älteren nicht ehrerbietig grüßt, ihm nicht gehorcht, oder, noch schlimmer, sexuelle Beziehungen zu einer seiner Frauen unterhält, muß er eine Strafe wie etwa Honigbier oder eine junge Kuh an den Beleidigten zahlen. Verweigert der Übeltäter dies, wird er von dem Älteren verflucht, eine Drohung, die die Massai sehr fürchten. »Du sollst in der Steppe umkommen«, »Du sollst einen Unfall haben«, »Deine Kälber sollen sterben« – solche und ähnliche Verwünschungen kann jedermann aussprechen, meist aber tun es nur die Älteren, denn sie besitzen keine andere Waffe. Den Kriegern stehen ihre Körperkraft und ihre Speere zur Verfügung, den Älteren dagegen bleiben nur ihre Weisheit und ihre Worte. Kaum ein Älterer mißbraucht allerdings jemals sein Recht, Verwünschungen auszusprechen, zumal ein Fluch nur dann Wirkung zeigt, wenn er einen berechtigten Anlaß hat. Ist jemand von einem Älteren verflucht worden, braut er gewöhnlich Honigbier und ruft dann die Altersgenossen des Älteren als Vermittler zusammen. Nachdem der Schuldige eine junge Kuh als Strafe bezahlt hat, trinken die Älteren sein Honigbier. Dann bitten sie den Beleidigten um Vergebung und ermahnen den Missetäter streng, nicht noch einmal so zu handeln. Ist eine Einigung erzielt worden, segnen die Älteren gemeinsam den Schuldigen und heben den Fluch auf.

Ein wohlhabender Älterer mag zwar einen besonders großen Einfluß auf Entscheidungsprozesse besitzen, für die Wertschätzung einer Person sind aber im Grunde ihre charakterlichen Eigenschaften wesentlicher, und es gibt viele hochangesehene und einflußreiche Ältere mit nur bescheidenem Vermögen. Reichtum an Rindern und Kindern ist natürlich ein wichtiger Faktor, aber es sind Qualitäten wie Weisheit, Scharfsinn und Bescheidenheit, die wahre Bewunderung hervorrufen. Das Ansehen der Älteren wächst mit ihrem Alter: Solange sie im Vollbesitz ihrer geistigen Kräfte sind, gebührt ihnen um so mehr Achtung, je älter sie werden.

Der am höchsten geachtete und am meisten gefürchtete Massai-Ältere ist der *Laibon*. Er fungiert zugleich als geistiger Führer, Wahrsager, Heilkundiger und Experte für Rituale, stellt Amulette und Medizinen her und dient der ganzen Gemeinschaft als Ratgeber, vor allem den Kriegern in allen Angelegenheiten, die mit ihren Zeremonien zusammenhängen. Die Massai sind der Auffassung, ihr *Laibon* sei göttlicher Abstammung, wie es auch in der Legende von seiner Herkunft geschildert wird:

Zwei Massai-Krieger durchwanderten einst einen Wald, als sie plötzlich ein Kind einsam daliegen sahen. Der eine Krieger, ein Angehöriger des *Ilmolelian*-Clans, erblickte das Baby zuerst, wollte sich aber nicht darum kümmern. Der andere, ein *Ilaiser*-Krieger, hob es jedoch auf, brachte es zu sich nach Hause und zog es wie sein eigenes Kind auf. Der Junge zeigte bald ungewöhnliche Kräfte. Wurde er z. B. zum Rinderhüten geschickt, brachte er immer gut gefütterte Tiere nach Hause, selbst in der Trockenzeit. Man beobachtete, wie er unmittelbar vor den Rindern Regen niedergehen ließ, so daß das Gras im Nu in die Höhe schoß. Aufgrund seiner besonderen Kräfte machten die Menschen ihn zu ihrem geistigen Anführer. Sein Name war *Kidongoi*, und er wurde der erste *Laibon*. Seit dieser Zeit hat sich sein Amt innerhalb des *Ilaiser*-Clans vererbt.

Der berühmteste *Laibon* im heutigen Kenia heißt *Simel*. Er steht allen wichtigen Massai-Zeremonien im Lande vor, verleiht besonders begehrte Amulette und sagt die Zukunft mittels einer eigenen Zahlenmagie voraus. Er schüttet dazu kleine Steine aus einer Kalebasse oder einem Kuhhorn auf die Erde und ordnet und zählt sie dann nach einer komplizierten Methode aus, bis er entweder eine glückverheißende oder eine unheilbringende Zahl ermittelt hat. Er wiederholt den Vorgang mehrmals, betet, bittet, speit in die Kalebasse und fleht seine großen *Laibon*-Ahnen *Batiany* und *Nelion* um Hilfe an.

Getreu dem Rat, nicht mehr mit Speeren, sondern mit Redekunst und Weisheit zu kämpfen, nehmen die jüngeren Angehörigen des Älterenstandes an den Zusammenkünften ihrer alten und erfahrenen Kameraden teil, um ihre neu erworbenen Waffen zu schärfen. Manchmal legen sie lange Wegstrecken zurück, um bei diesen Treffen anwesend zu sein, vor allem dann, wenn besonders weise Alte oder berühmte Redner erwartet werden. Auf einer Reise durch das Massai-Land sieht man oft solche Versammlungen von Älteren unter den schützenden Blätterdächern der Akazien. Sie beraten den ganzen Tag, so lange, bis sie eine Entscheidung gefällt haben, die allen Beteiligten gerecht wird. Die Ratsversammlungen stehen allen Massai offen, sogar durchreisende Gäste dürfen sich dazusetzen, zuhören und mit Redebeiträgen eingreifen.

Der Älterenstand soll eine unparteiische Instanz darstellen, die Entscheidungen fällt, Recht spricht und sich mit allen wichtigen Problemen befaßt, die das Wohlergehen der Massai-Gemeinschaft betreffen. Diese Aufgaben machen zahlreiche und ausführliche Debatten notwendig, und jeder Ältere hat dabei das Recht, seine Ansichten offen darzulegen. Nur wenige nehmen diese Möglichkeit nicht in Anspruch. Recht und Verfassung richten sich nach der Überlieferung, die den meisten Älteren gut bekannt ist und an die sie sich in der Regel auch streng halten. Von den jüngeren Altersgruppen gefürchtet und geachtet, sind es die Älteren, die mit ihrer Weisheit, ihrer Redekunst und ihrem Wissen die Lebensweise der Massai erhalten und schützen.

Die Angelegenheiten, die bei den Ratsversammlungen der Älteren behandelt werden, reichen von alltäglichen

Dingen wie dem Diebstahl einer Ziege bis zu wichtigen und schwierigen Fragen wie etwa Erbschaftsstreitigkeiten oder Mordfällen. Hat jemand ein Problem, so wendet er sich damit an einen angesehenen und einflußreichen Älteren. Ist dieser der Ansicht, der Fall erfordere eine größere Beratung, sendet er Krieger aus, um seine Altersgenossen zusammenzurufen und die Nachricht von der bevorstehenden Versammlung zu verbreiten. Wenn alle Älteren anwesend sind, wird ein Segenswunsch gesprochen, etwa: »Gott helfe uns, diesen Fall zu lösen«, und der Ältere, der das Treffen einberief, eröffnet die Sitzung mit der Darstellung des anliegenden Problems. Gibt es zwei verschiedene Parteien, erhält jede die Gelegenheit, ihre Sicht der Dinge ausführlich darzulegen. Nacheinander stehen dann die Älteren auf, um ihre Meinung über den Sachverhalt vorzutragen. Es wird nicht abgestimmt; man verläßt sich vielmehr darauf, daß sich eine Übereinstimmung von selbst ergeben wird, wenn jeder gesprochen hat. Der Sprecher der Älteren, der *Alaigwanani,* faßt schließlich die Schlußfolgerungen der Älteren zusammen und setzt die Strafe gemäß dem Gewohnheitsrecht der Massai oder dem Beschluß der Versammlung fest. Die Zusammenkunft schließt mit einem Segensspruch, z. B.: »Wir hoffen, gerecht geurteilt zu haben. Gott segne uns alle«.

Man kennt keine Gefängnisse, und die Ratsversammlungen verhängen auch nie körperliche Strafen, sondern stets nur materielle. Von allen Dingen, die sie ablehnen, verabscheuen die Massai die Demütigung eines Menschen am meisten. Für den Großteil der Gesetzesübertretungen sind die Bußen festgelegt. Wer z. B. eine Ziege oder ein Schaf gestohlen hat, muß ein zweijähriges Kalb bezahlen. Dieselbe Strafe trifft auch jeden, der sich um das gestohlene Tier gekümmert oder von seinem Fleisch gegessen hat. Gesteht der Dieb seine Tat, bevor er ertappt wird, kann er mit dem Wort *Muro* (»Gnade«) um Vergebung bitten. Man erläßt ihm dann die Hälfte der Strafe, so daß er, wenn er z. B. eine Ziege oder ein Schaf gestohlen hat, nur ein junges Mutterschaf zahlen muß. Ein Dieb wird ein gestohlenes Tier stets sofort schlachten und es niemals behalten, denn es würde an seinen Brandzeichen bald erkannt werden. Der Diebstahl einer Kuh hat eine noch empfindlichere Strafe zur Folge: Der Schuldige muß sieben Kühe zahlen, und sogar noch mehr, wenn die Kuh trächtig war, denn das ungeborene Kalb wird ebenfalls mitberechnet.

Die Höhe der Strafe für jemanden, der einen anderen ernsthaft verletzt hat, wird nach der Anzahl der gebrochenen Knochen festgesetzt. Das Strafmaß für einen gebrochenen Knochen oder ausgeschlagenen Zahn beträgt gewöhnlich ein Mutterschaf. Geschieht ein Mord, wird sich der Täter erst einmal vor den Angehörigen des Getöteten in Sicherheit bringen, denn diese werden zunächst versuchen, den Mord durch den Tod des Schuldigen zu rächen. Haben sie sich nach einiger Zeit wieder etwas beruhigt, kann der Täter sein Versteck verlassen. Er wird dann so schnell wie möglich die für Mord festgesetzte Strafe von 49 Rindern bezahlen, denn die Massai glauben, daß ein Mörder niemals zur Ruhe kommen und sein Besitz nicht gedeihen kann, solange seine Schuld nicht gesühnt ist. Die Verwandten des Toten eilen nun in voller Kriegsausrüstung herbei, um sich die geforderten Rinder selbst auszusuchen; sie vergewissern sich so, daß alle Tiere gesund und kräftig sind und keines etwa blind ist oder gebrochene Hörner hat.

Die Klärung von Todesfällen erfordert viel Geduld und Klugheit von seiten der Älteren. Mord im eigentlichen Sinne ist allerdings äußerst selten, denn die Massai töten einander kaum jemals absichtlich. Meist handelt es sich um Unfälle, wie sie beim Speerwerfen der Kinder oder beim Kampftraining der Krieger vorkommen können. Selbst in ernsthaften Kämpfen der Massai gelten strenge Regeln. Am Anfang dürfen nur Stöcke oder Keulen verwendet werden, und nur wenn diese brechen, darf man zum Schwert greifen, das allerdings niemals mit vollem Krafteinsatz geführt wird. Es ist erlaubt, den Gegner leicht zu verletzen, um ihm Schmerzen zu bereiten, aber es ist strengstens untersagt, mit ganzer Kraft zuzuschlagen, denn dies könnte tödliche Folgen haben. Falls Speere benutzt werden, darf man sie beim Angriff nicht gegen den Rumpf, sondern nur auf die Beine des Gegners richten.

Im Krieg dagegen, wenn die Massai gegen Fremde kämpften, galten völlig andere Gesetze. In eine ernsthafte Auseinandersetzung mit einem anderen Stamm zogen die Massai, um zu töten, um ihre Feinde zu vernichten, bevor sie selbst vernichtet wurden. Wenn sie siegreich waren, verschonten sie die Frauen und Kinder, töteten aber alle erwachsenen Männer und auch die kräftigen, halbwüchsigen Jungen, um eine eventuelle spätere Rache zu verhindern. Die Kinder wurden verschleppt und die jungen Frauen zur Heirat gezwungen. Ihre letzten großen Schlachten schlugen die tansanischen Massai während des Ersten Weltkrieges gegen die Bantu am Viktoriasee. Sie wußten, daß die Deutschen und die Briten in Ostafrika selbst im Krieg miteinander lagen und deshalb Stammesfehden nicht verhindern konnten. Die Massai besiegten die Bantu vernichtend, raubten ihnen zahlreiche Rinder, um ihre dezimierten Herden wieder aufzustocken, und erreichten damit ihr wichtigstes Kriegsziel.

Wenn die Älteren der Massai über einen Mord oder Totschlag zu Gericht sitzen, berücksichtigen sie nicht nur die Anliegen der Geschädigten, sondern auch die Interessen des ganzen Stammes. »Wir müssen zwar den Täter strafen«, so argumentieren sie, »aber unsere Gemeinschaft hat bereits ein Menschenleben verloren und sie kann es sich nicht leisten, ein zweites einzubüßen. Wir dürfen nicht auch diejenigen strafen, die gar kein Verbrechen begangen haben.« Den Täter hinzurichten hieße, den Stamm eines weiteren Angehörigen zu berauben und ihn so weiter zu schwächen; deshalb wird ein Weg gesucht, den Mord zu sühnen, ohne die Gemeinschaft in Mitleidenschaft zu ziehen. Wie

Fliegenwedel aus dem Schwanz eines Gnus und Tabakbehälter – geschätzte Wertgegenstände der Älteren

schwierig solche Entscheidungen manchmal sein können, zeigt der im folgenden geschilderte Fall:

Zwei Männer trieben einst ihre Rinder zum Markt. Unterwegs wurde einer der beiden von einer Giftschlange gebissen und starb. Als man seinen Leichnam fand, war dieser bereits so verwest, daß man nicht mehr feststellen konnte, ob ihn eine Schlange oder sein Begleiter getötet hatte. Klare Beweise lagen nicht vor, aber dennoch kamen die Älteren nach langen Beratungen zu dem Schluß, daß der Begleiter der Schuldige sei und 49 Blutrinder zu zahlen habe, wie es das Massai-Gesetz verlangt. Unter Protest übergab der Angeklagte die geforderten Tiere an die Familie des Toten. Auf dem Weg zum Kraal ihrer neuen Besitzer wurden die Rinder auch an der Stelle vorbeigetrieben, an der man den Leichnam gefunden hatte. Dort versperrte plötzlich eine Schlange den Weg und hinderte die Herde am Weitermarsch. Mehrere Versuche, sie zu verjagen, blieben erfolglos. Die Familie brachte daraufhin die Rinder zu ihrem alten Eigentümer zurück, und die Älteren kamen nach einer erneuten Beratung überein, daß es die Schlange gewesen sein müsse, die den Verstorbenen getötet hatte, und nicht der Begleiter.

Von großer Bedeutung ist, daß sich die Älteren nicht allein an den Wortlaut der Gesetze halten, sondern mehr noch deren Geist beachten. Es hat Fälle gegeben, die sich unmöglich nach britischem Recht aburteilen ließen und die deshalb von der Kolonialverwaltung an die traditionelle Gerichtsbarkeit der Massai zurückverwiesen wurden. Die Massai selbst melden Morde und auch kleinere Delikte nur selten den Behörden, denn sie befürchten wohl nicht zu Unrecht, daß diese nur die rein juristische Seite eines Falles sehen und den wichtigen menschlichen Aspekt darüber vernachlässigen. Die folgende Geschichte verdeutlicht dies:

Ein strenger Mann mit Namen *Loomotoon* war mit einer anziehenden jungen Frau verheiratet. Vor ihrer Ehe hatte diese eine Liebesbeziehung zu einem jungen Krieger der *Ilmeshuki*-Altersklasse namens *Meromo* unterhalten. Ihr Vater *Mulewo* jedoch besaß – wie alle Massai-Väter – das Recht, den künftigen Ehemann seiner Tochter allein auszuwählen. Er verheiratete sie mit *Loomotoon*, der ihm geeigneter erschien und der bereits um das Mädchen geworben hatte, bevor *Meromo* auf den Plan trat. Die Liebe der jungen Frau zu *Meromo* nahm auch nach der Eheschließung nicht ab, und sie sehnte sich danach, zu ihrem Geliebten zurückkehren zu können. *Loomotoon* war äußerst eifersüchtig, und er schlug seine schöne Frau oft. Sie fürchtete den Zorn ihres Mannes sehr, lief aber dennoch immer wieder davon, um ihren Liebhaber zu treffen. Der Ehemann, der seine Frau sehr liebte und sie allein für sich haben wollte, ging schließlich zu *Meromo* und forderte ihn auf, das Verhältnis zu beenden. *Meromo* willigte ein, aber die verliebte Frau ließ nicht ab und versuchte, ihn umzustimmen.

Eines Tages – die Frau war gerade im achten Monat schwanger – lief sie wieder davon. Ihr Ehemann bemerkte dies aber noch rechtzeitig und folgte ihr, um sie zurückzuholen. Als die junge Frau plötzlich Schritte hinter sich hörte, wandte sie sich um und erblickte ihren Gatten. Sie erschrak so, daß sie, noch ehe ihr Mann die Hand zum Schlage erheben konnte, niederstürzte und auf der Stelle starb. Ihr Gatte konnte nichts mehr zu ihrer Rettung tun. So wie der Brauch es will, drehte er den Leichnam seiner Frau auf die Seite, das Gesicht in Richtung Sonnenaufgang gewandt, bedeckte ihn mit Gras und überließ ihn den Geiern und Raubtieren. Dann brach *Loomotoon* auf, entschlossen, den Tod seiner Gattin zu rächen.

Er marschierte den ganzen Tag, bis er bei Sonnenuntergang den Kraal von *Meromo* erreichte. Dort lag der Liebhaber in der Hütte seiner Mutter und schlief entspannt und sorglos. Die Mutter aber spürte, daß Unheil drohte. Als *Loomotoon* gerade sein Messer an *Meromos* Kehle setzen wollte, schrie sie: »*Meromo, Meromo* fliehe, mein Sohn, du bist in Gefahr«. Ihr Sohn schreckte auf und lief davon, so daß der Ehemann seine Mordabsichten nicht wahrmachen konnte.

Der geschilderte Fall war so kompliziert, daß es Jahre dauerte, bis er gelöst werden konnte. Wer sollte die Blutrinder erhalten und wie viele, und wer sollte zahlen? Diese Fragen waren kaum zu entscheiden. Dennoch übergaben die Massai den Fall nicht den Behörden, denn sie fürchteten, dann nicht nur zwei Menschenleben – das der Mutter und das ihres ungeborenen Kindes – zu verlieren, sondern drei. Nach immer neuen, ernsten Beratungen, die sich über einen langen Zeitraum hinzogen, kamen die Älteren endlich zu einem Urteilsspruch: Als Ehemann der Verstorbenen konnte *Loomotoon* nicht für ihren Tod verantwortlich gemacht werden, denn er hatte das Recht, ihr zu folgen und zu versuchen, sie wieder zurückzuholen. Außerdem hatte er sie nicht direkt getötet. *Meromo,* den Liebhaber, konnte man ebenfalls nicht bestrafen. *Loomotoons* Frau liebte ihn zwar, aber er hatte versucht, sich von ihr zu lösen. Liebe als solche ist für die Massai keinesfalls ein Verbrechen, und *Meromo* war niemals in einer verfänglichen Situation mit der Frau überrascht worden. Die Eltern der Verstorbenen konnten bei aller Trauer noch nicht einmal Blutrinder als Entschädigung verlangen: Ihre Tochter war bereits verheiratet gewesen und gehörte deshalb nicht mehr zu ihnen. So mußte der Fall ohne irgendeine Bestrafung abgeschlossen werden, obwohl er großes Leid über viele Menschen gebracht hatte.

Haben die Älteren geheiratet und sind sie Väter geworden, verbringen sie die meiste Zeit in ihren Kraalen, um sich ihren Kindern, den Rindern und ihrem übrigen Besitz zu widmen. Oft müssen mehrere Familien zusammenarbeiten, um bestimmte Aufgaben, so vor allem den Schutz ihrer Kraale, wahrnehmen zu können. Lebensnotwendig sind solche vereinten Anstrengungen vor allem in abgelegenen Gebieten, die häufig von Viehdieben und Raubtieren heimgesucht werden. Hier ist es üblich, daß verschiedene Familien ihre Kraale nahe beieinander errichten, ihre Arbeit und Nahrung teilen und, was das wichtigste ist, einander beschützen. Solche Kraalgemeinschaften können zehn bis zwanzig Häuser umfassen, eine Zahl, die eine wirksame Abwehr gegen Angriffe erlaubt. Als Siedlungsplatz wählen die Älteren eine Gegend, die ausgedehnte Weiden und genügend Wasser hat, windgeschützt ist und ebenen Boden ohne Steine aufweist. Anhöhen werden bevorzugt, weil man von hier aus die Kinder und die grasenden Herden besser beobachten kann.

Familien, die in einem guten Verhältnis zueinander stehen, bauen oft auch einen gemeinsamen Kraal. Manchmal bleiben sie sogar über Jahre hinweg zusammen und verlegen gemeinsam ihren Lagerplatz, wenn das verdorrende Weideland und die austrocknenden Wasserläufe einen Weiterzug erfordern. Die Ansiedlungen werden annähernd kreisförmig angelegt. Jede Familie baut ihre eigenen Häuser und einen Teil der Umzäunung. Die Rinder bringt man in der Mitte des Kraals unter; daneben werden kleinere Gehege für die Schafe, Ziegen und Kälber errichtet. Jeder Ältere hat seinen eigenen Zugang zur Siedlung, und so kann man leicht von der Zahl der Eingänge eines Kraals auf die Zahl der dort lebenden Familien schließen. Umherziehende Massai sind in allen Siedlungen willkommen und finden stets eine herzliche Aufnahme. Sie brauchen nur ihren Altersstand zu nennen, und sogleich vertraut man sie der Obhut ihrer im Kraal lebenden Altersgenossen an. Aber auch dann, wenn diese gerade abwesend sein sollten, wird sich stets ein Platz für den Gast finden.

Nun, da es mit der Freiheit ihres Kriegerdaseins auf immer vorbei ist, bemühen sich die Älteren, die Kinder getreu den Traditionen ihres Volkes aufzuziehen und sie auf ihr künftiges Leben als Hirten oder Hirtenfrauen vorzubereiten. Sie bringen ihnen z. B. bei, wie man einen Dorn aus dem Huf einer Ziege entfernt oder wie man einer Kuh beim Kalben hilft. Sie ermahnen ihre Kinder ständig, die Rinder mit Liebe und Sorgfalt zu behandeln, wie es die Pflicht eines jeden Massai ist. Zuweilen reicht etwa ein Älterer einem Jungen ein Stück Fleisch oder etwas Milch, fragt ihn, ob es ihm gut schmecke, und ermahnt ihn, die Rinder immer in Ehren zu halten, denn sie seien es, die ihm die Nahrung schenkten. Die Kinder lernen auch Lieder, die man dem Vieh vorsingt, z. B. das Lied *Ewoko,* das den Stolz über den Besitz von Rindern beschreibt. Tag für Tag erfüllen die Älteren die vielfältigen Pflichten eines Hirten. Neben der allgemeinen Pflege und dem Schutz der Tiere fallen noch zahlreiche andere Arbeiten an, z. B. das Anbringen von Brandzeichen und Ohrmarkierungen.

Die Massai-Älteren lieben ihre Kinder sehr. Ihre Zuneigung kommt in zahlreichen Kosenamen und Redewendungen zum Ausdruck, so etwa in dem Spruch *Melakwa aang inchu* (»Solange ein Mann lebt, ist sein Heim nie zu weit entfernt«). Die folgende Geschichte veranschaulicht, was damit gemeint ist:

Ein Massai-Älterer begab sich einst auf eine längere Reise. Seine geliebte Familie vermißte er dabei sehr. Als er endlich die Rückreise antreten konnte, mußte er viele Tage hintereinander wandern, bis er endlich in die Nähe seines Kraals gelangte. Hier wurde ihm jedoch der Weg durch einen Fluß versperrt, der Hochwasser führte. Am Ufer warteten bereits viele Menschen auf das Abschwellen der Fluten, um endlich hinüber waten zu können. Als der Abend dämmerte, beschlossen die Wartenden, in einem nahegelegenen Kraal zu übernachten und am nächsten Tag erneut ihr Glück zu versuchen. Nur der Ältere wollte nicht mitkommen, denn er meinte, er könne keinen Tag länger ohne seine geliebten Kinder leben. Vergeblich warnten die anderen ihn vor der Gefahr. Er stürzte sich ins Wasser und versuchte, auf die andere Seite zu schwimmen, aber die Strömung riß ihn mit sich fort, und er ging unter. Während er noch verzweifelt gegen die Fluten ankämpfte, riefen ihm die Leute vom Ufer aus zu: »Jetzt bist zu weiter von deinem Heim und deinen Kindern entfernt als je zuvor.«

Die Väter lehren die Kinder, allen Erwachsenen und vor allem den Älteren Achtung entgegenzubringen. Man erwartet von ihnen, daß sie ältere Menschen grüßen und deren Fragen unverzüglich und höflich beantworten. Bittet ein Älterer ein Kind um etwas, muß es sofort und widerspruchslos gehorchen. Betritt ein Erwachsener das Haus, muß das Kind von seinem Stuhl aufstehen und ihn dem Älteren überlassen. Die Erziehung zu respektvollem Verhalten soll verhindern, daß die Älteren ärgerlich werden und die Kinder verfluchen, denn solche Flüche sind gefürchtet: »Deine Kinder sollen dir einmal genausowenig Achtung entgegenbringen wie du mir!«, »Ich habe dir starke Arme und Beine gegeben und will sie wieder zurückhaben!«, »Du sollst unfruchtbar sein!«, »Sterbe an der Ruhr!« Die Massai glauben, daß solche Verfluchungen Wirkung zeigen, falls sie einen berechtigten Anlaß haben. Man pflegt dies so zu begründen: »Was unsere Gemeinschaft hier auf der Erde für wahr hält, muß Gott im Himmel auch für wahr halten.«

Der Erziehungsstil unterscheidet sich von Familie zu Familie. Manche Eltern sind streng, andere zeigen sich großzügig. Einigkeit darüber, welche Haltung die richtige ist, gibt es nicht; allerdings sagt man von einigen Familien, sie seien zu hart, und über andere, sie verhielten sich zu nachgiebig und ihre Kinder seien verzogen. Manche Eltern erziehen ihre Kinder bis zur Beschneidung sehr streng und gewähren ihnen danach völlige Freiheit. Andere jedoch halten sich an das Sprichwort *Memorataa olayoni oataa menye* (»Niemand ist ein Mann, solange sein Vater noch lebt«). Dazu wiederum eine Massai-Erzählung:

In vielen Gegenden Afrikas bilden Leoparden eine ständige Gefahr für die Viehherden. *Tajewos* Vater, ein kluger Mann, dessen außerordentliche Liebe zu seinen Tieren weithin bekannt war, wurde immer wieder von den Raubkatzen heimgesucht. Eines Morgens, nach einer schlaflosen und unruhigen Nacht, in der er ein Lamm aus seiner Herde verlor, rief der Vater seine fünf erwachsenen Söhne, darunter *Tajewo,* zu sich. Er sprach zu ihnen: »Wenn ihr Ohren habt zu hören, so hört. Ohne euch Krieger kann die Herde nicht mehr länger geschützt werden. Wenn ihr mir helft, können wir der drohenden Gefahr begegnen. Ich möchte nicht jedesmal ein Tier verlieren, wenn ein Leopard Hunger verspürt. Von dieser Nacht an werdet ihr Wache halten, einer nach dem anderen. Habt ihr verstanden?« »*Aiya*«, lautete die einstimmige Antwort. »Entweder ihr tötet die Bestie, oder sie tötet euch. Der Älteste von euch beginnt mit der Wache, in der nächsten Nacht kommt der zweite an die Reihe, und so geht es weiter bis zum Jüngsten. Und schlaft nicht ein, bevor der Mond aufgegangen ist!«

Die folgenden beiden Nächte ließ sich der Leopard nicht blicken, denn er hatte noch genügend Fleischvorräte. Dies vermuteten zumindest die Krieger, aber sicher kann man niemals sein: Leoparden sind unberechenbar, vor allem deshalb, weil sie nach den Erfahrungen der Massai nicht nur aus Hunger jagen, sondern auch aus reiner Mordlust.

In der dritten Nacht holte sich der Leopard ein neues Opfer, während die Krieger gerade aßen. Er kam völlig unerwartet, und noch hielt niemand Wache. Die fünf Söhne eilten sofort zu den ängstlich blökenden Tieren, aber der Leopard war schneller als sie und riß erneut ein Lamm. Der Vater war außer sich vor Zorn, konnte aber niemandem einen Vorwurf machen, weil alle überrascht worden waren, auch er selbst. Dennoch erlegte er sich eine Buße auf und fastete zwei Tage lang. Wenn nun aber der Vater sich schon freiwillig für etwas kasteite, an dem er schuldlos war, welche Sühne würde er dann erst von seinen Söhnen fordern, falls diese beim Wachen versagen sollten? Die Söhne fürchteten seinen Zorn und seine Verfluchungen. Außerdem würde der Vater, so glaubten sie, einen Teil ihrer Rinder an einen Freund oder Verwandten verschenken, so wie er es manchmal schon bei kleineren Vergehen tat. Jeder von ihnen schwor sich deshalb, seine Pflicht so gewissenhaft wie möglich zu erfüllen und allen Befehlen des Vaters strikt zu gehorchen.

In den nächsten zwei Monaten tauchte der Leopard noch ein paar Mal auf, aber da er spürte, wie aufmerksam die Krieger waren, zog er sich wieder zurück und jagte Gazellen oder riß Tiere in weniger gut bewachten Kraalen. Die Söhne hielten während dieser Zeit gewissenhaft Wache, aber da die Verluste der Herde nun stark zurückgingen, wurden sie allmählich nachlässiger. War für einen von ihnen die Nacht der Wache gekommen und wollte er lieber mit einem Mädchen zusammen sein, tauschte er seinen Wachdienst mit einem seiner Brüder. Diese Abmachung bewährte sich recht gut, und die Zeit verging, ohne daß ihr Vater Verdacht schöpfte.

Eines Tages sollte *Tajewos* Bruder *Naikosiai* Wache halten. Er bat seinen Bruder *Lellia,* der von der selben Mutter stammte, ihm diese Aufgabe abzunehmen, denn er wollte sich mit einer alten Freundin treffen, die in einen nur fünf Meilen entfernten Kraal gezogen war und die er seit zwei Jahren nicht mehr gesehen hatte. *Lellia* stimmte zu, und nach dem üblichen abendlichen Zeitvertreib der Krieger, wie Plaudern, Essen und Singen, begab er sich zu den Ziegen, um die Wache des Bruders anzutreten. Bald darauf machte sich *Naikosiai* auf den Weg zu seinem Mädchen.

In dieser Nacht bedeckten zerrissene, windgepeitschte Wolken den Himmel, und kein Mondschein erhellte die Dunkelheit. Die Krieger im Kraal sangen den wenigen anwesenden Mädchen noch ein paar Lieder vor, bald aber waren sie müde und legten sich zur Ruhe. Auch *Lellia,* der Wache halten sollte, nickte ein. So versanken alle in tiefem Schlaf, bis sie etwa vier Stunden später durch plötzlichen lauten Lärm aufgeweckt wurden. Die Krieger sprangen sofort auf, aber sie sahen nur noch den Schatten eines Leoparden, der mit einem Lamm aus der Herde davonjagte. Alles war sehr schnell gegangen, und die Raubkatze hatte leichtes Spiel gehabt.

Dann übertönte die laute Stimme des Vaters alle anderen Geräusche. Sie rief nach *Naikosiai,* denn der Vater wußte, daß dieser mit der Wache an der Reihe war. *Lellia* antwortete, aber der Vater erkannte ihn sofort. *»Lellia, Lellia«,* rief der Vater. »Ja, Vater«, antwortete dieser. »Wo ist *Naikosiai?«* »Er ist hier, aber er schläft.« »Weck ihn auf«. Da konnte Lellia nicht länger leugnen, daß sein Bruder fortgegangen war.

Tajewo, der alles miterlebt hatte, stand früh am nächsten Morgen auf, um *Naikosiai* rechtzeitig zu warnen, damit dieser einen geachteten Älteren bitten konnte, beim Vater Vergebung für ihn zu erwirken. *Tajewo* traf *Naikosiai,* als dieser gerade den Kraal betrat. Er bemerkte sofort, daß sein Bruder das Unglück bereits ahnte, denn er war ganz blaß und machte einen verstörten Eindruck. »Was ist denn geschehen?« fragte *Naikosiai.* »Gott hat dich bloßgestellt, du Ärmster!« »Tatsächlich?« *Naikosiai* sprach langsam und betont. Auf seinem schönen Gesicht stand Schweiß. Er starrte vor sich hin, den Blick in die Ferne gerichtet, und er schien eher verängstigt als verärgert. Seinen Körper stützte er auf den Speer, die Keule hielt er in der Hand. Lange Zeit sprach er kein Wort. Dann murmelte er: »O Gott.« *Tajewo* wußte, wie seinem Bruder zumute war und bedauerte ihn, denn er hatte selbst schon oft genug Auseinandersetzungen mit dem Vater gehabt. Gerade wollte er ihm Mut zusprechen und ihm einen guten Rat erteilen, denn sein Bruder schien unfähig, einen klaren Gedanken zu fassen, da ließ *Naikosiai* plötzlich die Keule, die er in der Hand hielt, fallen, und *Tajewo*, der wußte, daß dies aus lauter Angst geschehen war, mußte laut auflachen. *Naikosiai* ließ sich davon anstecken, und beide lachten nun aus vollem Halse, bis ihnen die Augen tränten. Doch die Zeit drängte allmählich, die Frauen erwachten schon, und das übliche morgendliche Treiben begann. Da sahen sie plötzlich ihren Vater aus seinem Haus treten, und *Tajewo* drängte *Naikosiai,* er solle weglaufen und sich an *Papai* wenden, einen Älteren, den ihr Vater sehr achtete.

Naikosiai wandte sich rasch ab, um vom Vater nicht entdeckt zu werden, und lief das Tal hinunter zum Kraal des *Papai.* Dort angelangt, erzählte er dem Älteren, was geschehen war und flehte ihn um Schutz vor dem Zorn seines Vaters an. *Papai* gebot ihm zu warten, bis er seine Herde auf den Weg zur Weide geschickt habe, dann werde er ihn begleiten. Bald darauf brachen beide zum Kraal des Vaters auf.

Papai bemühte sich, vor *Naikosiai* zu verbergen, wie enttäuscht er selbst über dessen Verhalten war. Um die Spannung etwas zu lösen, meinte er schließlich: »Das menschliche Schicksal ist manchmal doch zu seltsam.« *Naikosiai* murmelte etwas Zustimmendes, und sie schritten weiter. Als sie sich dem Kraal näherten, sahen sie *Naikosiais* Vater von der Weide zurückkehren, auf die er gerade seine Herde getrieben hatte. »Färse«, rief der Vater, »Färse«, antwortete *Papai.* (Traditionsgemäß begrüßen sich so die Massai, die einander einmal eine Färse als Zeichen enger Freundschaft geschenkt haben.) Der Vater wußte sogleich, daß *Naikosiai Papai* geholt hatte, um einer Bestrafung zu entgehen, und so sagte er: »Bei allem Respekt, Färse, aber in diesem Fall müssen wir einen Kompromiß schließen. Ich bin sehr wütend, und ich wollte diesen Narren da eigentlich doppelt bestrafen. Jetzt aber, da er dich mitgebracht hat, damit du um Verzeihung bittest, soll eine Strafe ausreichen.«

Papai dachte über diese Worte nach und antwortete schließlich: »In Ordnung, ich stimme zu. Aber ich muß wissen, um was für eine Strafe es sich handelt.« Der Vater erwiderte: »Zunächst wollte ich zwei seiner Tiere jemandem schenken, der Hilfe benötigt, oder sie vielleicht auch auf dem Markt gegen Nahrung für meine Kinder eintauschen. Da du nun hier bist, werde ich auf diese erste Buße verzichten. Die zweite Strafe für dieses unwürdige Kind sollte eine Tracht Prügel sein, und die soll er sofort erhalten, mit dir als Zeugen!« Kaum hatte er diese Worte gesprochen, als er sich schon mit erhobenem Stock auf *Naikosiai* stürzte und mit aller Kraft auf ihn einzuschlagen begann. *Papai* rief *Naikosiai* zu, er solle nicht weglaufen: »Steh es durch, mein Sohn!« Immer und immer wieder schlug der Vater zu. Bald begann *Naikosiai* die Schläge mit seinem Speer und seiner Keule abzuwehren, denn seiner Meinung nach trieb es der Vater allmählich zu weit. Als sich die Wut des Vaters aber immer mehr steigerte, suchte der unglückliche Sohn Schutz hinter *Papais* Rücken und rief: »Ich habe genug, bitte, hilf mir jetzt.« *Papai* schritt ein: »Färse, genug jetzt, genug.« Der Vater ließ ab und eilte davon, Schaum vor dem Mund, der Körper zitternd vor Wut.

Papai wartete, bis *Naikosiais* Vater sich wieder etwas beruhigt hatte, dann ging er zu ihm. »Färse« sprach er ihn an, »Färse« kam die kaum hörbare Antwort. *Papai* fuhr fort: »Färse, ich bedauere das alles sehr, aber du solltest wissen, daß Kinder Kinder sind und wir damals auch nicht anders waren.« Der Vater antwortete: »Ich glaube, heute sind die Kinder anders als wir damals. Wir waren gewissenhafter und, wie ich wohl behaupten möchte, respektvoller den älteren Leuten gegenüber.« »Ja«, erwiderte *Papai* gedankenverloren, »du magst recht haben, aber so ist das Leben, und wir müssen uns damit abfinden. Bitte vergib deinem Sohn, jetzt, wo du ihn gestraft hast.« *Naikosiais* Vater antwortete: »Färse, wenn ein anderer als du diesem Narren zu Hilfe geeilt wäre, niemals hätte ich nachgegeben. Aber du weißt, wie sehr ich dich schätze. Darum werde ich ihm verzeihen. Ich gebe dir mein Ehrenwort.« Zufrieden darüber, daß *Naikosiai* in Sicherheit war, kehrte *Papai* daraufhin zu seinem Kraal zurück.

Am Abend rief der Vater alle seine Kinder, auch *Naikosiai,* zu sich. Er sprach: »Kinder, die nicht hören und respektieren, was ihr Vater sagt, sind es nicht wert, daß man sie sein eigen nennt. Jedes meiner Kinder, das meine Befehle nicht achtet und ihnen nicht gehorcht, so wie dieser Narr hier, soll künftig verstoßen werden. Meine Worte sollen nicht in den Wind gesprochen sein, daran erinnert euch stets. Nun könnt ihr gehen, aber denkt daran, ich halte mein Versprechen!«

Die Massai-Eltern geben auch ihre Kenntnisse in der traditionellen Medizin an ihre Kinder weiter. Sie setzen großes Vertrauen in die heilenden Kräfte bestimmter Bäume, Pflanzen und Kräuter. Zur Heilung von Magenschmerzen weicht man z. B. zerkleinerte *Cassia*-Rinde in Wasser ein und verabreicht die bittere rote Flüssigkeit dann dem Patienten. Gegen Bandwürmer hilft die Rinde einer besonderen Art des *Albizia*-Baumes, die entweder in Wasser und etwas Milch gekocht oder gekaut wird, bis sich genügend Flüssigkeit gebildet hat. Als Malariamittel dient die Wurzel eines Baumes, den die Massai *Esumeita* nennen. Sie wird gemahlen oder mit einem Messer geschabt und dann mit Wasser vermischt. Diese Flüssigkeit rührt man um, bis sich Schaum bildet, und gibt sie dann dem Patienten zu trinken. Der Trank ruft sofortiges Erbrechen hervor und soll den Kranken von dem Gift der Malaria befreien. Die Massai versuchen eine Krankheit stets selbst zu heilen, bevor sie um fremde Hilfe nachsuchen.

In der Massai-Gesellschaft gibt es eine traditionelle Arbeitsteilung zwischen Mann und Frau. Die Frauen ziehen die Kinder groß, bauen die Hütten, holen Wasser und Brennholz und melken die Kühe. Sie führen den Haushalt und bereiten die jungen Mädchen auf das Eheleben vor, indem sie ihnen beibringen, wie man näht, Perlenschmuck anfertigt und die Kinder versorgt. Zu den Pflichten der erwachsenen Männer gehören der Bau von Umzäunungen, das Hüten der Herden, die Suche und die Reinigung von Wasserstellen und der Schutz des Landes. Die Aufgaben sind im allgemeinen gerecht verteilt, aber jede Seite neigt dazu, auf die Arbeit der anderen herabzublicken. So empfände es z. B. ein junges Massai-Mädchen als unangenehm und beleidigend, wenn sie Rinder hüten sollte, denn sie müßte befürchten, daß die Tiere ihre schöne Kleidung beschmutzen. Dagegen wird es ein Massai-Junge für entwürdigend halten, auf seine jüngeren Geschwister aufzupassen. Die Massai kennen keine festgelegte, formelle Erziehung. Kinder lernen alles Wesentliche über die Geschichte und die Bräuche ihrer Gemeinschaft und über ihre Pflichten durch Beobachtung, durch Teilnahme am täglichen Leben und vor allem durch die reiche mündliche Überlieferung ihres Volkes.

Frauen arbeiten genauso hart wie Männer, manchmal sogar noch härter. Eine ihrer wichtigsten Aufgaben ist der Bau der Hütten. Auf dem vorgesehenen Gelände markieren sie zunächst den länglichen Grundriß und graben dann Löcher, in die sie lange, starke Äste stecken. Am oberen Ende dieser Äste, die als Wände dienen, befestigen sie kleinere Zweige, die sie in die gewünschte Dachform biegen. Die Blätter von Ästen und Zweigen werden miteinander verflochten, um die Zwischenräume auszufüllen. Dann bedeckt man den Bau mit Gras und abschließend mit einer Schicht Kuhfladen.

Das Massai-Haus besteht aus einem einzigen Raum. Er beherbergt eine große Lagerstatt, auf der bis zu sechs Personen schlafen können, und eine kleinere, abgeschirmte für die Mutter und ihre kleinen Kinder. Die Betten werden aus starken Ästen errichtet und mit weichen Fellen bedeckt. In der Mitte des Hauses steht der Herd, der Licht und Wärme spendet. Ein Teil des Raumes ist durch ein Gatter abgetrennt, und hier sind gewöhnlich einige neugeborene Kälber oder junge Ziegen untergebracht. Es gibt keine großen Fenster; das Licht kann aber durch den Rauchabzug im Dach oder durch die Staketwand einfallen, und die Tür des Hauses ist nur selten geschlossen.

An den Versammlungen der Älteren nehmen die Frauen im allgemeinen nur teil, wenn eine dort behandelte Angelegenheit sie unmittelbar betrifft; die Männer ihrerseits kommen nur selten zu den Zusammenkünften der Frauen. Wer auch immer ein Treffen des anderen Geschlechts besucht, er befindet sich in einer schlechten Ausgangslage. Will beispielsweise eine Frau in einer Älteren-Versammlung ein Argument vorbringen, darf sie dies nur sitzend tun und nicht aufrecht stehend wie die Männer. Autorität in der Gemeinschaft können allerdings auch die Frauen besitzen, was sich deutlich bei den *Olkishuroto* zeigt. Es handelt sich dabei um Racheaktionen von Frauen, die das Vergehen eines Mannes strafen wollen. Ein Massai-Älterer kann z. B. die verheirateten Frauen seiner Generation beleidigt haben, indem er mit einer ihrer Töchter schlief. Dies ist strengstens verboten, und die erzürnten Frauen seines Altersstandes werden sich gewaltsam rächen: Sie können die Sehnen seiner Rinder zerschneiden, seinen Lieblingsbullen schlachten, den Schuldigen mit Kuhfladen bewerfen und aufs Blut prügeln. Auch das beteiligte Mädchen muß harte Schläge erdulden und sich mit Kuhmist überschütten lassen. Ein weiterer Anlaß für ein *Olkishuruto* ist dann gegeben, wenn ein Älterer seine Frau an der Ausübung ihrer religiösen Pflichten hindert.

Andere sexuelle Vergehen werden von den Älteren bestraft. Als Unrecht gelten alle sexuellen Beziehungen zu einer verheirateten Frau aus einer anderen Generation, vor allem dann, wenn die Frau mit einem Altersgenossen des eigenen Vaters verheiratet ist. Ein solches Verhältnis gilt als Inzest, denn alle Frauen aus der Generation des Vaters werden symbolisch »Mutter« genannt. Die Strafe für Inzest kann darin bestehen, daß der Schuldige dem Zorn der Gemeinschaft ausgeliefert wird, eine Färse bezahlen muß oder keine Tochter einer Frau dieser Altersklasse mehr heiraten darf. Ein solches Verbot begründen die Älteren so: »Man kann nicht mit einer Mutter schlafen und ihre Tochter heiraten.«

Immer, wenn mehrere Massai-Frauen zusammentreffen, singen und tanzen sie. Mit bunten Perlenhalsringen reich geschmückt und in lange weiche Lammledergewänder gehüllt, loben sie Gott mit Gesängen, danken ihm für seinen Segen oder bitten ihn, daß er ihnen Kinder, Regen, Gras, Wohlstand und Frieden bringen möge. Die Frauen wenden sich häufiger an Gott als die Männer. Zu ihrem Gebetsritual gehört es, Milch in drei Himmelsrichtungen zu versprengen, nach Norden, Süden und nach Osten. (Der Westen, wo die Sonne untergeht, spielt nur bei Verfluchungen eine Rolle.) Die Frauen murmeln mit leisen, demütigen Stimmen:

Enjoo iyook engeraa.
Gib uns Kinder.
Injoo iyook ingishu.
Gib uns Rinder.
Iye akekisilig.
Unsere Hoffnung ruht auf Dir immerdar.

Die Frauen treffen sich oft zu großen Gebetsversammlungen, den *Alamal Loonkituak,* die in äußerst gefühlsbetonter Stimmung ablaufen. Die Macht, die von diesen Zusammenkünften ausgeht, wird von allen Männern sehr gefürchtet, vor allem von den Älteren. Sie dürfen sie aber in keiner Weise behindern, sondern müssen sogar die Opfertiere, die für die Rituale benötigt werden, zur Verfügung stellen. Die Frauen versammeln sich meist, um Kindersegen zu erflehen und um heilige Orte, wie den Lengai-Berg oder bestimmte Bäume, zu besuchen. Die Massai bringen an diesen Orten Opfer dar, z. B. makellose Lämmer. Jedesmal, wenn sie einen heiligen Baum passieren, rupfen sie ein Büschel grünes Gras aus, legen es auf einen Ast und sprechen dann ein Gebet. Manchmal werden auch Hals-, Arm- oder Fußringe an den Zweigen befestigt.

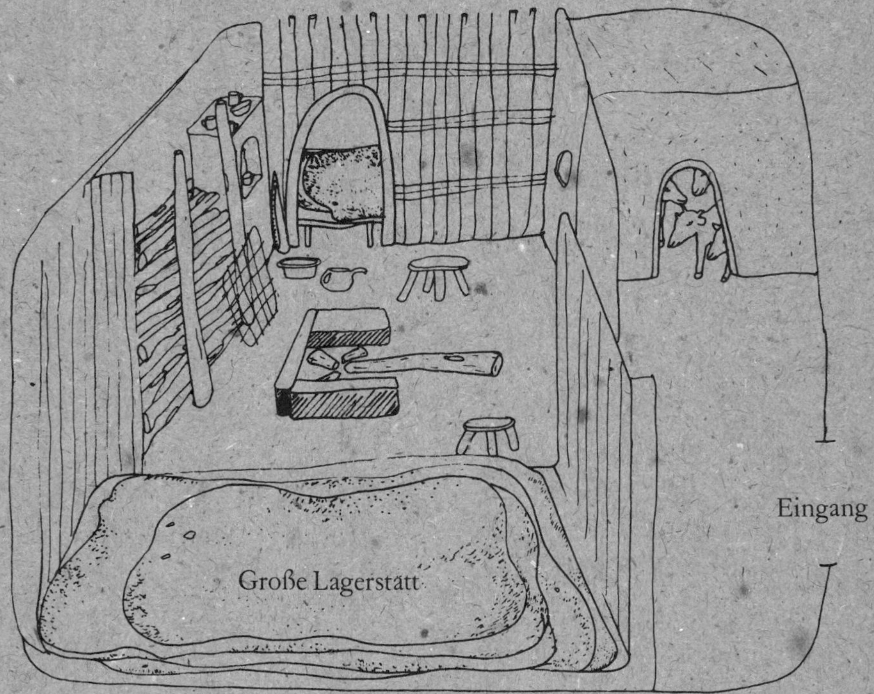

Inneres und Grundriß eines Massai-Hauses

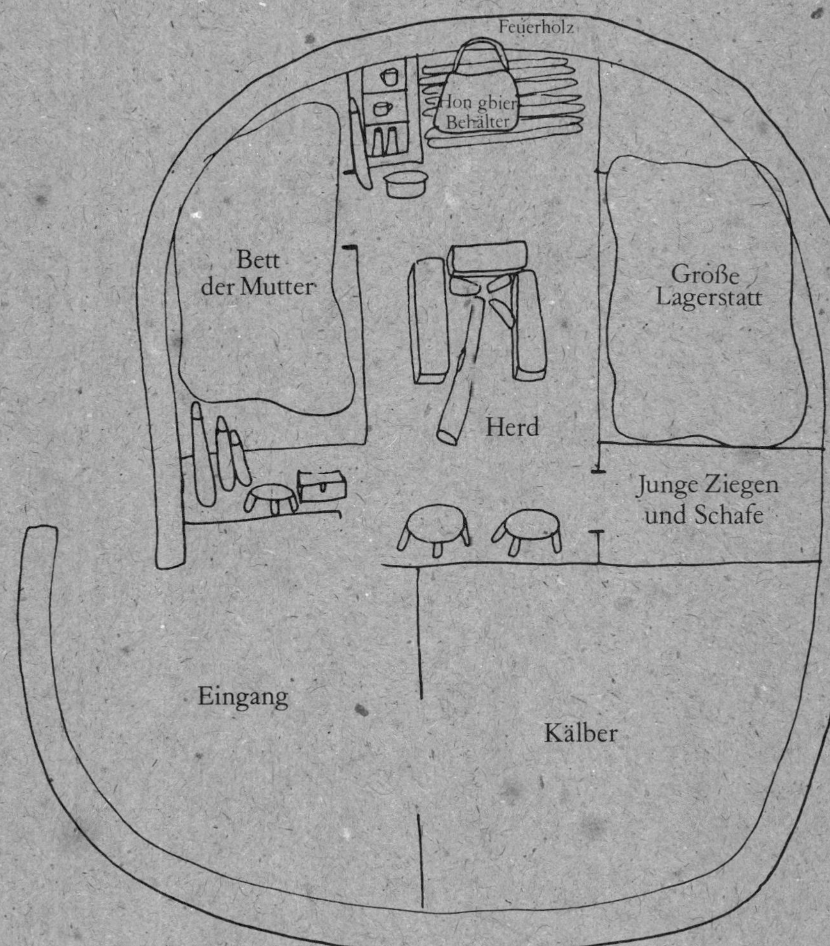

Die Frauen beten auch für ihre unfruchtbaren Geschlechtsgenossinnen, wie etwa in dem folgenden Gesang:

Naai, irukoki iyiook
O Gott, gewähre uns das,
Nena nikiomonito iyie.
worum wir beten.
Inchoo olgos olala osho,
Gewähre ihr die Freude der Mutterschaft,
Entito aasho olayoni.
laß sie gebären und für Kinder sorgen.
Inchoo metoisho nerik,
Gott, gib ihr einen Schatten zur Rast,
Naai, injoo oloip lemeolalchani.
aber nicht den eines Baumes.

Das persönliche Gebet einer unfruchtbaren Frau lautet:

Adung'ito ilpurkeli maariko,
Ich durchquere die Savannen ohne Geleit,
Naipuroki ing'atunyo.
und der Löwe brüllt mich an.
Naipuroki o'owaru oju,
Der Löwe mit der schwarzen Mähne brüllt mich an,
Naipuroki olemeju.
und der Löwe ohne Mähne ebenso.
Naipuroki o'owaru oju.
Der Löwe mit der schwarzen Mähne neben dem Zebra.
Obotere iloitikoshi,
Ich bete zu dem Einen, dem Vielfarbigen,
Aamon olasira ingumoki peeaisho.
daß Er mir ein Kind gebe.
Kitoni olmasi onyil laelie
Dann kann ich zu Hause bleiben wie eine
Esekekwa engerai.
wirkliche Frau, und die Wanderschaft findet ein Ende.

Dieses Lied drückt aus, wie einsam sich eine Massai-Frau ohne Kind fühlen kann. Sie muß oft zu heiligen Orten pilgern, um dort zu beten, manchmal ganz allein. Zahlreiche Gefahren können ihr auch auf ihren häufigen Gängen zum *Laibon* auflauern. Von ihm erbittet sie Medizin und Amulette, die sie fruchtbar machen sollen. Eine kinderlose Massai-Frau ist meist sehr unglücklich, und man bemitleidet sie sehr. Gelegentlich sind zwar Adoptionen möglich, aber eine Frau ist erst dann wirklich zufrieden, wenn sie selbst Kinder zur Welt bringen kann.

Die Erbschaftsregeln spielen eine bedeutende Rolle im Leben einer Massai-Familie. Jedes Kind, Knabe oder Mädchen, erhält schon in frühester Jugend eine Kuh, ein Mutterschaf und eine Ziege. Man bezeichnet sie als *Ingishu Emisigiyoyi,* »Geburtsrechtvieh«. Während das Kind heranwächst, vermehren sich seine Tiere, und wenn ein Massai den Älterenstand erreicht hat, besitzt er gewöhnlich eine stattliche Herde.

Heiratet ein Mädchen, nimmt es sein Vieh nicht mit in die Ehe, sondern überläßt es der Obhut ihrer Brüder oder, falls sie keine Brüder hat, der ihrer Mutter. Sollte sie später einmal ein oder zwei Kühe benötigen, kann sie ihre Familie um die Tiere bitten, und diese wird ihr den Wunsch kaum abschlagen. Wenn die junge Ehefrau zu ihrem Gatten zieht, erhält sie von ihm und seinen Verwandten Vieh und kann somit erneut eine Herde ihr eigen nennen. Ehemann und Ehefrau besitzen also verschiedene Herden, aber der Mann übt die Kontrolle über das Vieh seiner Gattin aus.

Hat ein junger Angehöriger des Älterenstandes geheiratet und sind ihm durch die erforderlichen Zeremonien sämtliche Rechte eines Älteren verliehen worden, darf er mit Frau und Kindern die Siedlung seines Vaters verlassen und einen eigenen Kraal gründen. Manche Männer ziehen es vor, bei ihren Eltern zu bleiben; sie erhalten in diesem Fall allerdings die uneingeschränkte Verfügungsgewalt über ihre Herde. Es wäre für einen Massai, der selbst Kinder hat, unerträglich, seinen Besitz der Kontrolle des Vaters zu unterwerfen. Versucht ein Mann, einem älteren Sohn Vorschriften zu machen, muß er stets mit Widerstand rechnen; gibt er dennoch nicht nach, kann sich der Sohn an die Altersgenossen des Vaters wenden und von ihnen die Erlaubnis zur Gründung eines eigenen Kraals einholen.

Wenn ein Vater stirbt, erbt sein ältester Sohn dessen gesamte Herde. Stirbt die Mutter, geht ihr Vieh in den Besitz des jüngsten Sohnes über. Die übrigen Söhne erhalten die Tiere, die ihre verheirateten Schwestern im Kraal zurücklassen. Bleibt ein Mann kinderlos oder hinterläßt er nur Töchter, gehört die Herde seinen Brüdern. Ist der Sohn eines Verstorbenen noch sehr jung, wird sein Erbe verwaltet, bis er herangewachsen ist.

Die älteren Massai beobachten tagtäglich den Himmel. An der Bewegung der Sterne lesen sie ab, wann Regen fallen wird, nach dem Stand der Sonne berechnen sie den Jahresablauf und nach der Stellung des Mondes teilen sie die Monate in dreißig Tage ein. Dem Mond wird besondere Aufmerksamkeit gewidmet, denn seine Form, seine Farbe und seine Stellung am Himmel liefern wichtige Anhaltspunkte für die Entscheidung, wann bestimmte Handlungen durchgeführt werden sollen. Die Massai greifen z. B. ihre Feinde bevorzugt bei rötlich gefärbtem Vollmond an, während die bedeutendsten Zeremonien bei weißem Vollmond stattfinden. Bei Neumond oder Mondfinsternis dürfen keinerlei Rituale oder wichtigen Arbeiten ausgeführt werden, und Wanderungen von einem Ort zum anderen sind dann verboten. Das Verschwinden des Mondes symbolisiert den Tod, und man versucht in solchen Zeiten ängstlich, sich vor drohendem Unheil zu schützen.

Wenn ein Massai stirbt, hebt ein großes Wehklagen unter seinen Angehörigen an. Der Leichnam eines kinderlos

Verstorbenen wird mit Lamm- oder Ochsenfett eingerieben und mit einem Paar neuer Sandalen bekleidet, um seine Reise ins Jenseits zu erleichtern. Einem toten Mann drückt man als Symbol seiner irdischen Tätigkeit einen Hirtenstab in die Hand, und an die Seite einer verstorbenen Frau legt man eine Nähnadel oder eine Kalebasse. Der linke Arm wird als Stütze unter den Kopf geschoben und der Körper so gedreht, daß das Gesicht nach Osten, in die Richtung des Sonnenaufgangs blickt. Der Leichnam bleibt im Freien liegen, den Raubtieren preisgegeben. Spüren diese den Körper nicht auf, wird ein Schaf geschlachtet und sein Fett in unmittelbarer Nähe des Toten gebraten, um die Tiere durch den starken Geruch anzulocken. Den Namen des Verstorbenen erwähnt seine Familie nie mehr, und wer den gleichen Namen trägt, muß diesen unverzüglich ablegen.

Etwas anders liegen die Dinge, wenn ein Älterer stirbt, der Kinder hinterläßt: Sein Name lebt fort, denn seine Nachkommen werden nach ihm benannt. Auch weisen dann die Bestattungsrituale einige Besonderheiten auf: Man schlachtet einen Bullen, verzehrt sein Fleisch auf der Stelle und bestreicht mit dem Fett den Leichnam. Dann zieht man dem Toten neue Sandalen an und trägt ihn an einen schattigen Platz, wo die Hyänen ihn wittern sollen. Verschleppen die Raubtiere ihn nicht, schlachtet man auch in diesem Fall ein Schaf und läßt das Fleisch und die Knochen bei der Leiche liegen, um die Aasfresser herbeizulocken. Wenn ein Familienvater stirbt, trauert die gesamte Familie um ihn. Seine Frauen und Töchter müssen allen Schmuck ablegen, und seine Söhne, Knaben wie Krieger, scheren sich als Zeichen ihres tiefen Schmerzes die Haare. Man trauert etwa einen Monat. Nach dem Tode einer Frau oder eines Kindes folgt ebenfalls eine Trauerzeit, aber die Familienmitglieder legen dann weder ihren Schmuck ab noch müssen sie sich die Haare schneiden.

Beim Tode eines *Laibon* oder eines reichen Mannes läßt man den Leichnam nicht im Freien liegen, sondern begräbt ihn. Über dem Grab wird eine kleine Steinpyramide aufgehäuft. Jeder, der die Grabstätte künftig passiert, wirft als Zeichen der Achtung einen weiteren Stein auf den Hügel.

Die Massai glauben, daß sich die Seelen bedeutender Menschen nach dem Tod in Schlangen verwandeln und in deren Gestalt wieder auf die Erde zurückkehren. Manchmal erblicken die Angehörigen eines kürzlich Verstorbenen eine Schlange unter ungewöhnlichen Umständen. Sie kann sich z. B. auf einem Stuhl ringeln, auf dem auch der Tote meist saß, oder sie taucht an einer Wasserstelle auf, wo er gewöhnlich sein Vieh tränkte. Normalerweise tötet ein Massai eine Schlange auf der Stelle, aber in solchen Fällen wird er versuchen, sie mit Milch zu tränken, bis sie wieder von selbst verschwindet.

Meeta olmuruo orngiro bedeutet: »Es gibt keine gebrechlichen Älteren; alle Älteren verdienen Respekt.« Wie aber sieht die Zukunft der Alten unter den Massai aus? Werden sie weiterhin die Achtung genießen, die ihnen traditionell stets entgegengebracht wurde, nun, wo sich das Land der Massai so verändert? Wird man auch in Zukunft auf die weisen Männer hören, so wie man es heute noch tut? Die Antworten auf diese Fragen sind ungewiß.

Älterer zu sein, heißt für Mann und Frau, Verantwortung zu tragen. Der neue Lebensabschnitt beginnt mit der Heirat und der Gründung einer Familie und setzt sich fort mit dem Erwerb von Vieh und der Erziehung der Kinder, die Reichtum und Sicherheit garantieren. Ein Netz sozialer Beziehungen und zahlreiche Zeremonien bestimmen das Leben eines Älteren. Zu ihren Feiern schreiten Frauen und Männer in getrennten Prozessionen, und sie begrüßen einander mit ausgesuchter und formvollendeter Höflichkeit. Bewundert und geehrt von allen Jüngeren, sehen die Älteren der Massai nicht einem Alter in Angst und Einsamkeit entgegen. Bis zuletzt nehmen sie am Leben ihres Volkes teil.

Eines der ersten Anliegen der neuen Älteren wie auch der frisch beschnittenen Mädchen ist die Heirat. Auch wenn die Partner einander schon lange versprochen sind, sehen sie dem Hochzeitstag mit großer Aufregung entgegen. Der Brautführer *(oben)* und die Familie der Braut werden mit Ocker eingerieben, geschoren und mit Schmuck geziert. Für die Braut bereitet man prachtvolle Halsketten und perlenverzierte Ledergewänder vor.

Auf der folgenden Seite rechts: Liebevoll wird die Braut von ihrer Mutter in weiches Leder gekleidet. *Links:* Das junge Paar ist bereit, vom Kraal der Braut zu dem des Bräutigams zu ziehen, um dort künftig gemeinsam zu leben. Die Überlieferung verlangt, daß die Braut deutlich ihren Schmerz über die Trennung von ihrem Heim zeigt. Sie darf nicht zurückblicken, denn man glaubt, sie könnte sonst aus Gram zu Stein erstarren.

Wenn die Braut in Begleitung ihrer weiblichen Verwandten den Familienkraal verläßt, wird sie von ihrem Vater mit Milch aus einer Kalebasse gesegnet. Der Bräutigam und sein Brautführer bringen sie zu ihrem neuen Heim, wobei der Brautführer alle Hindernisse aus dem Weg räumt. Die Braut hält einen weißen Wanderstab in der Hand und geht langsam, den Blick zu Boden gerichtet.

Wenn die Hochzeitsgesellschaft den Kraal des Mannes erreicht werden Bräutigam und Brautführer von den Kindern mit ehrfürchtig geneigtem Kopf begrüßt. Nachdem die Braut ihr neues Heim betreten hat, bringen die Hochzeitsgäste Milch als Geschenk. Man ißt Fleisch, trinkt Honigbier und feiert das junge Paar mit fröhlichen Tänzen und Gesängen.

Zu den ersten Aufgaben der jung verheirateten Frau gehört der Bau eines Hauses. Das Gerüst besteht aus langen, miteinander verflochtenen Ästen, deren Zwischenräume mit Blättern und Gras geschlossen werden. Das Äußere bedeckt man mit Dung.

Alle Häuser haben die gleiche Grundform, doch sind gewisse Variationen möglich. Die Frauen können die Eingänge verschieden gestalten, die Außenwände mit symbolischen Ornamenten versehen und im Innern die Lage des Herdes, der Schlafecke und der Tiergehege beliebig gestalten. Sie halten das Haus stets in gutem Zustand und achten vor allem darauf, daß es wasserdicht ist. Kurz vor dem Beginn der Regenzeit bessern sie Risse im Dach mit frischem Dung aus.

Milch, entweder frisch oder sauer, bildet die Hauptnahrung der Massai. Die Frauen melken die Kühe zweimal täglich – morgens, bevor sie auf die Weide ziehen, und abends nach der Heimkehr. Die Kinder dürfen den Erwachsenen beim Melken helfen und mit darauf achten, daß Zicklein, die von der Mutterziege nicht ausreichend gesäugt werden, von anderen Ziegen Milch bekommen *(oben)*.

Kalebassen zur Aufbewahrung von Milch und Honigbier werden aus Flaschenkürbissen hergestellt, die man trocknet, aushöhlt und mit Perlen, Kaurimuscheln und einem Lederriemen schmückt.

Nach dem Gebrauch wird eine Kalebasse mit Wasser gewaschen und dann mit glühender Asche vom Holz des Ölbaums ausgebrannt, was der Milch einen rauchigen Geschmack verleiht. Anschließend reinigt man das Gefäß mit einem langen Stock und einer Bürste aus Kuhschwanzhaaren von den Aschenresten.

Neben dem Melken der Kühe, dem Ausbessern der Häuser und der Herstellung von Kalebassen gehören auch das Wasserholen und das Sammeln von Brennholz zu den regelmäßigen Pflichten der Frauen.

Besondere Aufmerksamkeit widmen die Massai-Frauen ihrem Schmuck und ihrer Kleidung. Zur Fertigung von Ledergewändern werden Tierhäute glattgeschabt, ausgespannt, mit Tierfett und Ocker geschmeidig gemacht und schließlich mit Perlen verziert. Stricke und Schnüre stellt man aus langen, schmalen Lederstreifen her, die durch kräftiges Ziehen gedehnt werden.

Mit Ocker färben die Frauen auch in Fabriken produzierte weiße Stoffe, die sie auf dem Markt eingetauscht haben. Wenn sie die feuchten Tücher ausschütteln, versuchen die kleinen Kinder häufig, etwas von der herabtropfenden Farbe für ihre eigenen Kleider aufzufangen. Ist die tägliche Arbeit getan, kommen die Frauen zusammen, um Halsringe und andere Schmuckstücke anzufertigen.

Die endgültige Bestätigung des Älterenstatus bildet die *Olngesherr*-Zeremonie, bei der sich sämtliche Mitglieder der scheidenden Kriegergeneration versammeln, um einen neuen Altersklassennamen anzunehmen. Man baut eine weitläufige Manyatta und häuft in ihrer Mitte als Symbol der gesamten Zeremonie einen Hügel aus Kuhdung auf, in den der lange Ast eines heiligen Baumes gesteckt wird.

Bereits einige Monate vor Beginn der Zeremonie ziehen zahlreiche Ältere in die Manyatta und bringen ihre Lieblingsfrauen und einige ausgewählte Rinder mit. Ihre Anführer tragen besondere Togen aus verzierten Fellen, und denjenigen unter ihnen, die als besonders großmütig und redlich gelten, werden blaue Perlenschnüre als Zeichen der Ehrung um den Unterarm gewickelt.

Während der monatelangen Vorbereitungen für die *Olngesherr*-Zeremonie kommen auch Ältere aus anderen Teilen des Massai-Landes in die Manyatta. Für solche Besuche, *Alamal* genannt, legen Männer und Frauen ihren schönsten Schmuck und ihre besten Gewänder an. Manche zieren sich dabei mit einer besonderen blauen Bemalung.

Die Besucher nahen singend, mit weißen Wanderstäben in der Hand. Nach der ausgiebigen formellen Begrüßung ziehen sich die Männer in ihre Festlager im Busch zurück, während die Frauen in den Hütten das Fleisch geschlachteter Tiere zubereiten. Später kommen alle Gäste zusammen und singen, tanzen und trinken Honigbier bis spät in die Nacht hinein.

Die weißen Stäbe, welche die neuen Älteren bei ihrem Hüpftanz in der Hand halten, sind Friedenssymbole.

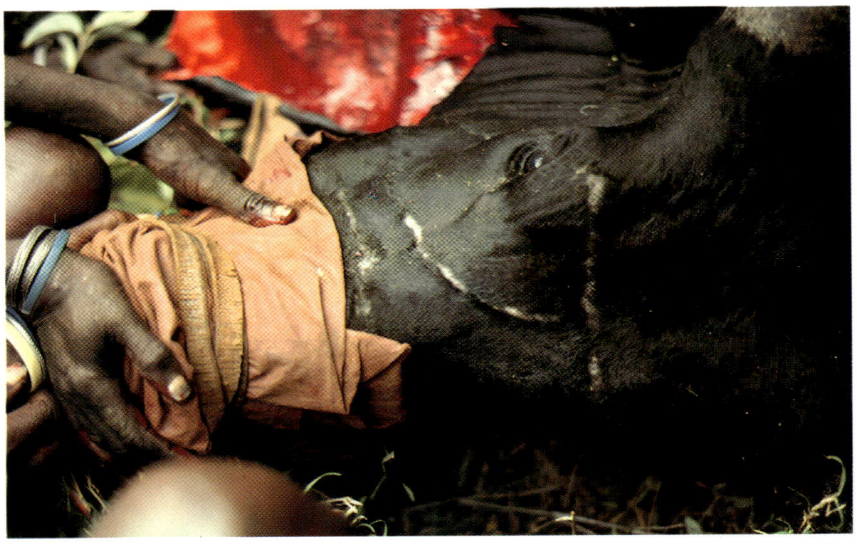

Die *Olngesherr*-Zeremonie beginnt an einem Tag, den der *Laibon* festgesetzt hat, gewöhnlich kurz vor Vollmond. Vorher hat man einen makellosen Bullen ausgewählt, d. h. ein Tier mit völlig weißem oder völlig schwarzem Fell, das keine gebrochenen Hörner haben darf. Der Bulle wird im Morgengrauen von einigen Älteren eingefangen und in der Mitte der Manyatta erstickt.

Man schlitzt seine Wamme auf, durchsticht sein Herz und streut ein magisches Pulver, das der *Laibon* bereitet hat, in das nun rasch fließende Blut. Dann knien die Festgäste der Reihe nach nieder und trinken von dem Blut: Zuerst der Eigentümer des Bullen, dann die beiden Anführer der Kriegergeneration und schließlich die anderen alten Krieger, manchmal einige hundert an der Zahl. Droht das Blut zu versiegen, schüttet man Milch oder Honigbier nach, um jedem Teilnehmer seinen Anteil an dem Ritualtrank zu gewähren.

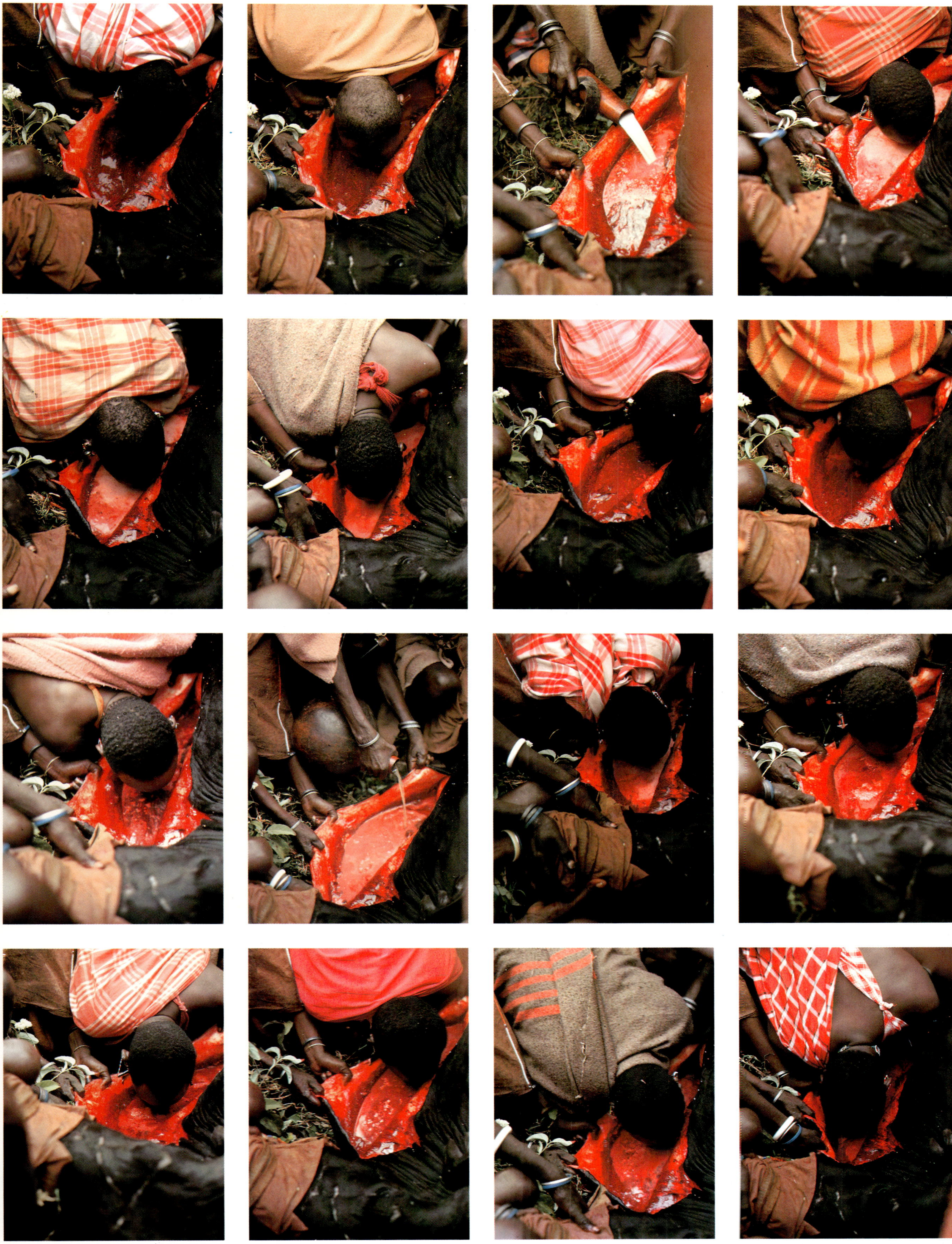

Die Ehefrauen errichten an der Stelle, wo der Bulle getötet wurde, eine weite Umzäumung. Hier finden in den folgenden beiden Tagen alle Rituale statt.

Im Innern der Umzäumung wird der Opferbulle unter Aufsicht der Alten zerlegt und sein Fleisch gebraten. Die Anwärter auf die Älterenwürde versammeln sich nun, und die Alten segnen ihre künftigen Standesgenossen, indem sie ihre Stirn mit einem fetten Stück Brustfleisch einreiben und dann jedem etwas von dem Leckerbissen reichen.

Am nächsten Morgen müssen sich die scheidenden Krieger noch einmal versammeln, und diesmal werden sie nur mit Milch gesegnet, denn die Massai dürfen Fleisch und Milch nie zusammen genießen. Jeder nimmt einen Schluck Sauermilch aus einer großen Kalebasse und erhält dann einen Fingerring, gefertigt aus dem Bauchfleisch des Opfer-

bullen. Später bestreichen die Alten die Gesichter ihrer neuen Kameraden mit *Enturoto,* der weißen Kalkfarbe.

Ein weiteres wichtiges Ritual für die scheidenden Krieger ist die Segnung ihrer neuen Hirtenstäbe: Unter der Aufsicht der Alten werden die Brandeisen der Festteilnehmer erhitzt und dann in einen Tümpel voller Kuhharn getaucht. Die neuen Älteren laufen nun aufgeregt herbei und halten ihre Hirtenstäbe in den aufsteigenden Dampf. Danach holen alle ihre Brandeisen wieder aus dem Tümpel. Die Brandeisen dienen zur Kennzeichnung der Rinder mit den persönlichen Markierungen ihrer Eigentümer.

Die neuen Älteren werden mit den Worten gesegnet: »Auf daß du friedfertig seiest und in Wohlstand lebst, mit vielen Kindern und Rindern.«

Am letzten Abend der *Olngesherr*-Zeremonie spannen die Frauen die Haut des Opferbullen zum Trocknen auf. Jede Frau, die sich nicht durch sexuelle Fehltritte entehrt hat, darf zwei Pflöcke in das Fell treiben.

Den Abschlußsegen der Zeremonie nimmt ein besonders angesehener Alter vor. Neben der Hütte jedes neuen Älteren pflanzt er ein Büschel Gras und begießt es mit Honigbier. Dabei flüstert er einen Segensspruch.

Die Massai-Älteren schützen ihre Herde vor Raubtieren und anderen Gefahren, wie z. B. vor Unfällen, die bei den Rangkämpfen der Bullen vorkommen können, achten darauf, daß die Tiere nicht krank werden, und überwachen die Fortpflanzung.

Die Älteren leisten häufig Hilfestellung beim Kalben, vor allem dann, wenn es sich um eine schwere Geburt handelt. Die Bilder auf diesen Seiten zeigen, wie der › Geburtshelfer ‹ das Kalb aus dem Leib der Kuh zieht und dann eine Mund-zu-Mund-Beatmung vornimmt, weil das Neugeborene nur schwache Lebenszeichen von sich gibt.

Da oft die Herden vieler verschiedener Familien zusammen grasen, müssen die Älteren ihre Tiere mit Eigentumsmarken versehen. Brandornamente an den Flanken und auf der Stirn sowie Schlitze oder Einkerbungen in den Ohren dienen als Kennzeichen für Clan, Familie und individuellen Eigentümer. In großen Herden finden sich mitunter Tiere, deren Körper über und über mit Brandornamenten bedeckt sind. Lange, schön geschwungene Hörner gelten allgemein als Schönheitsideal.

Zur *Olkiteng Lorrbaa*-Zeremonie gehören Scheingefechte zwischen Frauen und Älteren, bei denen man mit dünnen Ästen um einen Fleischspieß kämpft.

Die Würde eines Massai in fortgeschrittenem Alter verlangt den Rückzug von den Aktivitäten der jüngeren Männer, ruhiges, besonnenes Auftreten und erhöhte Aufmerksamkeit für die Belange der Gemeinschaft. Zur traditionellen Tracht eines Alten gehören eine wärmende Decke als Umhang, ein Fliegenwedel aus Gnuschwanzhaaren, ein Wanderstab und bei besonderen Anlässen auch ein perlenbesetzter Kalbslederumhang. Viele tragen um den Hals einen perlenverzierten Tabaksbehälter aus Bambus, stets das Geschenk der erstgeborenen Tochter. Am Abend kommen die Älteren zusammen, um zu plaudern, Geschichten zu erzählen und wichtige Angelegenheiten zu erörtern. So bewahren sie die Überlieferungen und das Wissen der Massai.

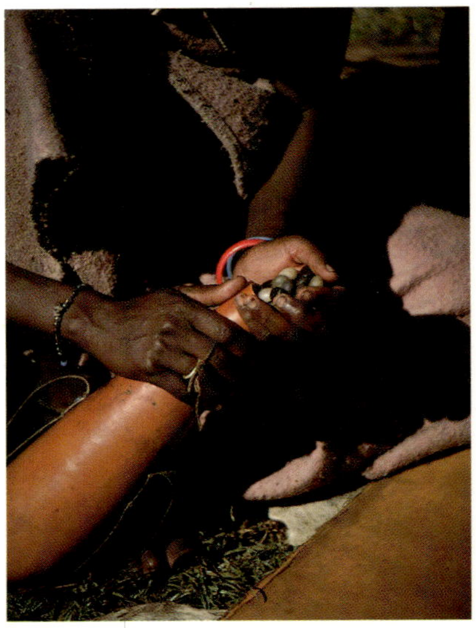

Die angesehensten und am meisten gefürchteten Älteren der Massai sind die *Laibon,* die in sich die Aufgaben eines geistigen Führers, Wahrsagers, Ritualexperten und Heilkundigen vereinigen. Die Bilder auf diesen Seiten zeigen den berühmten *Laibon Simel* aus Kenia. Aus Anlaß der Aufnahmen trägt er einen Umhang aus dem Fell des seltenen Baumschliefers. *Oben:* Der *Laibon* überwacht seine Söhne bei einer Prophezeiung *(Engidong).* Einer von ihnen füllt glatte Flußsteine in eine Kalebasse und flüstert und speit hinein, um seine großen Ahnen *Mbatian* und *Nelion* um Hilfe zu bitten. Dann schüttet er die Steine wieder aus und zählt sie in verschiedene kleine Haufen ab. Er wiederholt dies mehrmals, bis er aufgrund der Zahlenkombinationen schließlich weissagen oder eine gestellte Frage beantworten kann.

Das Leben der Älteren verläuft ohne Hast. *Unten:* Aufmerksam beobachtet ein Älterer die Züge eines jungen Kriegers beim *Engehei*-Spiel, das in verschiedenen Varianten in ganz Afrika verbreitet ist. Für das Spiel benötigt man zwei parallele Reihen von sechs bis sechzehn Gruben oder Fächern, die in Holz oder Stein geschnitten oder wie hier einfach in die Erde gegraben werden, sowie eine bestimmte Anzahl kleiner Steine. Aufgabe der Spieler ist es nun, die Steine nach festgelegten Regeln in die Gruben zu legen, dabei die voraussichtlichen Spielzüge des Gegners

zu berücksichtigen und möglichst viele seiner Steine zu gewinnen. *Auf der gegenüberliegenden Seite:* Zwei alte Freunde plaudern miteinander, ein dritter nimmt gerade Kautabak aus seinem Tabaksbehälter. Einem anderen Älteren, dessen Tochter kurz vor der Beschneidung steht, wird von seiner Frau der Kopf rasiert.

Zu wichtigen Beratungen treffen sich die Älteren in der *Olkiama,* der Ratsversammlung. Dort werden Erbschaftsfragen, Mordfälle, Scheidungen, Diebstähle und andere

Probleme besprochen. Jeder Ältere kann seine Ansicht offen darlegen, und man wird seine Stimme besonders schätzen, wenn er über eine ausgefeilte Redekunst verfügt. Entscheidungen können nur bei Übereinstimmung aller Meinungen gefällt werden; Abstimmungen finden deshalb nicht statt. Rechtsbrecher sperrt man niemals ein, die Strafe oder Wiedergutmachung besteht in der Zahlung von Rindern. Die Rechtssprechung der Massai ist in der Regel unparteiisch, menschlich und äußerst wirkungsvoll.

Einige persönliche Bemerkungen

»Von der Farm aus konnte man Jahr für Jahr den tragischen Niedergang des Massai-Stammes jenseits des Flusses mitverfolgen. Sie waren Kämpfer, die aufgehört hatten zu kämpfen, wie ein sterbender Löwe mit beschnittenen Klauen, ein entmanntes Volk. Die Speere hatte man ihnen weggenommen, ebenso die schönen Schilde, und im Wildschutzgebiet folgte der Löwe ihren Rinderherden.«

Isak Dinesen, *Out of Africa*

Der Leser möchte wahrscheinlich erfahren, was die Massai in der Zukunft zu erwarten haben. Als Massai, der sein Volk und seine Kultur liebt, mag ich pessimistisch erscheinen, doch habe ich gute Gründe dafür. Wir sind ein Volk, dessen Zeit abgelaufen ist. Die industrialisierte Welt rückt näher wie eine unaufhaltsame Flut, in der die Massai ertrinken werden, wenn sie sich nicht rechtzeitig auf eine rettende Anhöhe zurückziehen.

Ich bin zu der schmerzlichen Überzeugung gelangt, daß die Massai sich ändern müssen, wollen sie ihre Kultur oder wenigstens ihre nackte Existenz retten. Sie haben keine andere Wahl, als sich den Gegebenheiten der modernen Welt anzupassen. Es ist besser, einem Feind offen entgegenzutreten und sich auf ihn vorzubereiten, als unerwartet zu Hause angegriffen zu werden. Die Massai verfügen noch nicht über alle notwendigen Waffen für die Auseinandersetzung mit der modernen Welt, denn es mangelt ihnen an Bildung, Land und finanziellen Mitteln. Noch können sie sich von ihrem Land und ihrem Vieh ernähren, aber das Land wird in beängstigendem Maße knapp. Ohne Land aber gibt es keine Weiden für die Rinder, und so ist die besondere Lebensweise der Massai zum Sterben verurteilt.

Der allmähliche Verlust ihres Landes ist das größte Problem der heutigen Massai. Ihren Beginn nahm diese Entwicklung Anfang unseres Jahrhunderts, als die Massai – damals noch Herren über ein ausgedehntes Gebiet – mit europäischen Siedlern in Konflikt gerieten. Damals ermutigten die Kolonialregierungen Farmer aus England und Südafrika, sich im Massai-Gebiet niederzulassen, ohne dafür den enteigneten Stämmen irgendwelche Entschädigungen zu gewähren. Der Widerstand gegen diese Kolonisation führte zu offener Feindschaft zwischen den Massai und den Kolonialbehörden, die zudem in den gut organisierten Kriegern potentielle Aufrührer sahen und sie deshalb entmachten wollten.

Im Juni 1901 schrieb Sir Charles Eliot, Gouverneur von Kenia und entschiedener Förderer der Siedler: »Ich halte die Massai für den wichtigsten und gefährlichsten Stamm, mit dem wir es in Ostafrika zu tun haben, und ich glaube, daß wir noch für lange Zeit mit der erforderlichen militärischen Stärke in ihrem Gebiet präsent sein müssen.« Die Haltung der britischen Kolonialregierung verriet Mißtrauen und Unsicherheit. Der Engländer Ainsworth, Unterkommissar in *Ukamba,* einer Provinz Kenias, meinte: »Eine Politik, mit der diese Leute nach und nach unter unsere Kontrolle gebracht werden, ist besser als eine, die alles gleich mit Gewalt erreichen will . . . Nach einer gewissen Zeit, wenn unsere militärischen Kräfte besser organisiert sind und unsere Verwaltung effizienter ist, wird es uns leichter fallen, die Macht der nomadisierenden Stämme zu beschränken und es ihnen nach und nach unmöglich zu machen, ohne unsere Erlaubnis umherzuziehen. Wir könnten dann die Grenzen des Massai-Landes genau festlegen und dafür sorgen, daß sie respektiert werden.«

Links: Lemeikoki Ole Ngiyaa, *der Vater des Autors, ein würdevoller Älterer*

1910 gelang es Gouverneur Eliot, die Massai zugunsten der von Lord Delamere geführten britischen Siedler aus dem fruchtbaren *Laikipia*-Hochland zu vertreiben, obwohl der Kolonialminister in London befohlen hatte, die Aktion einzustellen. Der Massai-Führer *Ole Gilisho,* der Engländer Dr. Norman Leys, der bald darauf aus Kenia ausgewiesen wurde, und einige angesehene Massai-Ältere versuchten, ihre Rechte vor Gericht und durch einen Brief an den Kolonialminister zu verteidigen. Charles Eliot mußte daraufhin zurücktreten; das Land, das die Siedler besetzt hatten, wurde den Massai jedoch nie zurückgegeben, auch nicht nach der Unabhängigkeit Kenias im Jahre 1963.

Die Regierung des jungen, unabhängigen Kenia erließ eine Reihe von Bodengesetzen, die das Massai-Land offiziell für potentielle Landkäufer öffneten. Die Massai konnten sich nur schwer an den Gedanken gewöhnen, daß Land, welches nach ihrer Auffassung Gott gehörte, wie eine Ware verkauft werden sollte. Unerfahren und unwissend in rechtlichen Angelegenheiten, wurden sie leichte Opfer der Spekulanten. Der Boden galt zwar weiterhin als Gemeinschaftsbesitz der Massai, ein Interessent konnte das Land aber auch erwerben, wenn er sich den Grundeigentumstitel durch Bestechung oder Fälschung von nur einem Eigentümer bestätigen ließ. Zudem waren sich die Massai häufig der Bedeutung eines offiziell verbrieften Besitztitels nicht bewußt, und die für Verträge verlangte Unterschrift mittels Daumenabdruck verschafften sich zahlreiche Käufer mit unlauteren Mitteln. So verloren die Massai weite Teile ihres Landes.

In Tansania verlief die Entwicklung etwas anders. Das Land wurde zunächst von den Deutschen kolonisiert, die mehr an bloßer Verwaltung als an einer Besiedlungspolitik interessiert waren. Bald nach dem Ersten Weltkrieg traten die Briten an ihre Stelle, die das Land aber nicht wie Kenia als Kolonie regierten, sondern als Mandatsgebiet des Völkerbundes. Einige Siedler ließen sich in dem Gebiet zwischen dem Kilimandscharo und dem Meru nieder, das von den Massai *Engare Nanyuki* genannt wird und das an das Gebiet der *Meru* grenzt. Bald kam es zu Konflikten zwischen ihnen und den Einheimischen, die schließlich eine Beschwerde an die Vereinten Nationen richteten. Eine daraufhin entsandte Kommission überprüfte die Landdispute und empfahl, Tansania die Unabhängigkeit zu gewähren. Die Landfrage blieb allerdings ungelöst, denn nach der Unabhängigkeit wurde das umstrittene Gebiet nicht den Massai zurückgegeben, sondern verstaatlicht.

Im Laufe der Zeit wurde immer mehr Land für öffentliche Zwecke enteignet, vor allem für die Einrichtung von Nationalparks. Die Lage verschlimmerte sich noch dadurch, daß einige fremde Stämme, die Landwirtschaft betreiben, allmählich in das Massai-Gebiet vordrangen, ohne daß die Behörden sie daran hinderten. Heute gehört das gesamte tansanische Massai-Land dem Staat, und jeder Bürger kann sich hier niederlassen. Einige landhungrige Stämme, wie die

Wa-Arusha (die feldbauenden Massai), die *Wa-Meru* und die *Wa-Chaga*, nutzten dies aus, und die viehzüchtenden Massai hatten das Nachsehen. Je mehr Land man den Massai jedoch nimmt, um so mehr werden sie gezwungen sein, ihre Herden illegal in den Wildreservaten zu weiden. Dies wiederum wird die Zahl der Wildtiere weiter dezimieren und aufgrund übermäßiger Nutzung der Weiden und Wasserstellen zur Verödung der Reservate führen.

Die Wildtierherden der Serengeti preschen noch immer über die Savannen des Massai-Landes, aber ihre Tage sind gezählt – genauso wie die der Massai-Kultur. Beider Schicksal ist verbunden: Die Menschen und die Herden werden zusammen gedeihen, wenn man sich um sie kümmert und sie schützt, oder sie werden zusammen sterben. Zum ersten Mal in der Geschichte wächst die Zahl der Bewohner im Massai-Land zu rasch an, und das nicht etwa, weil die Geburtenrate dramatisch gestiegen wäre: Die Kindersterblichkeit ist immer noch sehr hoch und die medizinische Versorgung nach wie vor äußerst schlecht. Die Überbevölkerung im Massai-Gebiet hat ihre Ursache vielmehr in dem beständigen Vordringen der Farmer aus anderen Stämmen, die für ihren Ackerbau die gleiche Art von Land benötigen wie die Hirten: Hochland mit gesicherter Wasserversorgung, das auch in der Trockenzeit noch Möglichkeiten für eine Weidewirtschaft bietet. Die Konkurrenz der Bauern drängt die Massai in die trockeneren Gebiete ab, die nur während der Regenzeit als Weideland genutzt werden können und die sehr empfindlich auf eine übermäßige Beanspruchung reagieren. Die Überweidung solcher Gebiete hat bereits jetzt zur Verödung des Bodens und zur Abnahme der Wild- und Haustierbestände geführt.

Um größtmöglichen Gewinn zu erzielen, hat die Regierung von Kenia vor einigen Jahren mit einer Landverteilung begonnen, die das Massai-Land äußeren Einflüssen völlig ausliefert und Veränderungen bringt, wie sie so tiefgreifend noch nie zuvor in diesem Gebiet stattfanden. Andere Stämme, die die Bedeutung von Landbesitz erkannt haben, sind jetzt in der Lage, Land im Massai-Gebiet zu kaufen, und auch die wenigen Massai, die über eine gute Bildung verfügen, sichern sich große Teile des besten Bodens. Diese Entwicklung wurde den meisten Massai zu spät bewußt. Sogenannte »Gebietsprojekte« – Landparzellen im Gemeinschaftsbesitz einer Gruppe, die für Getreideanbau oder Viehzucht genutzt werden – kann man heute überall im kenianischen Massai-Land antreffen, selbst in den trockensten Regionen. Viele Massai wurden durch solche Projekte entwurzelt und auf der Suche nach geeigneter Arbeit nach Nairobi und in andere Städte getrieben. Dort verdingen sie sich oft als Wächter, denn der Ruf ihrer sprichwörtlichen Tapferkeit und Zuverlässigkeit eilt ihnen voraus.

Bevor das kenianische Parlament die neuen Bodengesetze verabschiedete, besaßen die Massai genügend Land und Vieh. Sie konnten sich selbst ernähren und ihre kulturellen Eigenheiten bewahren. Der Verlust ihres Landes scheint alles zu zerstören. Bald werden die Herden verschwunden sein, und dann wird auch der traditionelle Lebensstil rasch zugrundegehen. Ist der schützende Schirm ihrer alten Kultur erst einmal vernichtet, werden die Massai, wie schon andere Stämme vor ihnen, nach Nairobi und in die anderen Städte strömen. Sie werden nicht nur als Wachen arbeiten, sondern jede nur erreichbare Tätigkeit annehmen, oder – falls sie keine bezahlte Stellung finden können – in Slums verkommen.

Während der Kolonialzeit kümmerten sich die Behörden nicht darum, den Massai eine moderne Bildung zu vermitteln, da sie in ihnen romantisch verklärt »edle Wilde« sahen. Bei der Anpassung an die veränderten Bedingungen halfen sie den Massai kaum, weil sie glaubten, die stolzen Krieger würden niemals eine untergeordnete Stellung akzeptieren. Deshalb wurden die Massai auch nie in das koloniale Erziehungsprogramm einbezogen, das Afrikaner für Tätigkeiten in Verwaltung und Kirche qualifizieren sollte. Andere Stämme nutzten diese Chance, auch wenn die höchsten Positionen damals ausschließlich Weißen vorbehalten blieben. Diese Vernachlässigung dauerte bis zur Unabhängigkeit an.

Während der Kolonialzeit gab es nur wenige Missionsschulen im Massai-Gebiet, und die meisten von ihnen wurden hauptsächlich von Kindern aus anderen Stämmen besucht. Nach Beendigung der Grundschule kehrten die Massai-Schüler in der Regel in ihre Heimatsiedlungen zurück, um Krieger zu werden. Die Kolonialherren, die sich der Bedeutung ihrer Erziehungsprogramme vollständig bewußt waren, wollten den Massai keine weitergehende Ausbildung angedeihen lassen, und die Massai ihrerseits wußten weder den Wert einer westlichen Erziehung zu schätzen, noch sahen sie die unausweichlich nahenden Veränderungen voraus. Sie waren zufrieden, wenn ihre traditionelle Kultur und ihre geliebten Rinderherden unbehelligt blieben. Gelegentlich waren sie jedoch gezwungen, sich mit den Realitäten der Kolonialherrschaft auseinanderzusetzen. Abgesehen von Landstreitigkeiten waren es vor allem die unterschiedlichen Rechtsauffassungen, die Konflikte zwischen Massai und Europäern heraufbeschworen. Folgende wahre Begebenheit dokumentiert sehr anschaulich den bedauerlichen Mangel an gegenseitigem Verständnis zwischen den beiden Kulturen:

Die Massai nennen das Jahr 1946 *Olari Otarieki Olmusungui,* »das Jahr, als ein Europäer getötet wurde«. Damals hatten die Briten hohe Strafen auf Rinderraub ausgesetzt. Ihre bevorzugte Strafe bestand in der Beschlagnahmung der Rinder des Täters und nicht in einer Gefängnishaft, denn die Sterblichkeitsrate in den Strafanstalten war hoch, vor allem unter den Massai. Ihr ausgeprägtes Freiheitsideal machte Gefangenschaft und die damit verbundenen Demütigungen für sie unerträglich; lieber gingen sie in den Tod. Diese Reaktion der Massai auf die Konfrontation mit den Gefängnissen des weißen Mannes ähnelt der der nordamerikanischen Indianer.

Eines Tages war nun ein Krieger des *Ingidongi*-Clans beim Rinderraub gestellt worden. Er hielt sich gerade in einem Festlager auf, als ein Bote der Kolonialbehörden eintraf und ihm mitteilte, daß man neun seiner Rinder beschlagnahmen werde. Der Krieger nahm die Strafe an und ließ dem Distriktkommissar folgendes ausrichten: Er solle die Rinder ruhig nehmen – wenn nötig, sogar die gesamte Herde –, ihm aber einen bestimmten Bullen lassen den er besonders liebe. Der Kommissar hielt diese Bitte für ein Zeichen von Hochmut und wollte nun seine Überlegenheit demonstrieren. Also beschlagnahmte er neun Rinder, darunter den betreffenden Bullen. Der Krieger erfuhr noch im Lager davon. Wortlos brach er am frühen Morgen auf und begab sich zum Markt von *Loita* (Kenia). Dort hatten sich zahlreiche Viehhändler versammelt, und auch der Distriktkommissar war anwesend, denn er überwachte die Viehverkäufe. Zielstrebig schritt der Krieger auf ihn zu und durchbohrte ihn mit seinem Speer. Der Kommissar war auf der Stelle tot.

Ohne sich um die Schreckensschreie der Umstehenden zu kümmern, wischte der Krieger seine blutbefleckte Speerspitze am Haar des Toten ab. Die Zeugen des Vorfalls liefen in heller Aufregung davon, die Verkäufer und Käufer ließen ihr Geld und ihre Waren liegen, und in wenigen Minuten hatte sich der zuvor dicht bevölkerte Platz geleert. Auch alle Massai waren geflohen, nur der Bruder des Mörders nicht. Er folgte dem Krieger, der mit drohend nach vorn gerichtetem Speer über den Markt ging, einem in die Enge getriebenem Tier gleich. Der Bruder fragte ihn, wohin er denn nun fliehen wolle, worauf er gelassen erwiderte: »Wo soll ich hingehen, wenn keine Polizisten da sind? Sie sind ja alle weggelaufen.« »Komm mit mir« befahl der Bruder, und widerstandslos gab sich der Krieger in die Gewalt der Behörden. Nach einer Gerichtsverhandlung wurde er gehängt und sein gesamtes Vieh, eine beträchtliche Herde, beschlagnahmt.

Die Massai gaben sich niemals mit diesem Urteil zufrieden. Nach ihrer Ansicht hatte der Distriktkommissar sein Schicksal verdient, denn er hätte den Stolz des Kriegers respektieren müssen und den Lieblingsbullen nicht beschlagnahmen dürfen. Er hätte notfalls die ganze Herde nehmen können, wie es der Krieger ja selbst vorgeschlagen hatte, aber es war ein unverzeihlicher Fehler, auf dem Bullen zu bestehen.

Die Haltung der gegenwärtigen Regierungen Kenias und Tansanias gegenüber den Massai unterscheidet sich sicherlich von der der Kolonialbehörden, doch müssen auch sie erst noch durch Taten beweisen, daß sie den Massai wirklich helfen wollen. Es ist beschämend, daß solche Grundbedürfnisse wie Erziehung, Gesundheitsfürsorge, Wasserversorgung und Tiermedizin immer noch weitgehend vernachlässigt werden. Die neuen afrikanischen Regierungen haben die Pflicht, sich das Vertrauen ihrer Bürger durch Einfühlungsvermögen und Rücksichtnahme auf deren Bedürfnisse zu erwerben. Nach der Unabhängigkeit im Jahre 1961 versuchte die neue tansanische Regierung, die Massai mit Gewalt zum Anlegen von europäischer Kleidung zu zwingen. Solche Zwangsmaßnahmen dienen natürlich nicht der Entwicklung, sondern entfremden die Bevölkerung nur ihrer Führung.

Offensichtlich mangelt es den Regierungen von Kenia und Tansania an Verständnis für die Menschen, die noch getreu ihren Überlieferungen leben. Sie wollen Entscheidungen über die richtige Entwicklung für ihre Bürger fällen, ohne diese jemals nach ihrer Meinung und nach ihren Wünschen gefragt zu haben. Die traditionell lebende Bevölkerung empfand die Regierung deshalb immer als Bedrohung und nicht als eine Kraft, die ihnen helfen könnte. Die Massai sahen ihre Verwaltungsbeamten immer nur dann, wenn diese Steuern eintreiben wollten, eine Angelegenheit, deren Sinn die Massai nie so recht erkennen konnten. Unter der Bevölkerung entwickelt sich so Mißtrauen und Unverständnis gegenüber den Motiven staatlichen Handelns, und die Bereitschaft für eine Zusammenarbeit schwindet.

Die Regierung könnte den traditionell lebenden Menschen helfen, wenn sie ihnen häufiger mit Verständnis und weniger mit einschüchternden Demonstrationen staatlicher Macht entgegenträte. Eine Möglichkeit der Hilfe bestünde in der Ausbildung von Massai, die in ihrem Volk Vertrauen genießen. Sie könnten die Menschen von der Notwendigkeit des Eintritts ins zwanzigste Jahrhundert überzeugen und ihnen mit Argumenten und viel Geduld den Nutzen moderner Bildung begreiflich machen. Gebildete Massai müßten mit den Älteren zusammenarbeiten, die lokalen Probleme mit ihnen erörtern und den staatlichen Stellen Lösungsmöglichkeiten vorschlagen.

Was das Massai-Land betrifft, das inzwischen vollständig in Nationalparks umgewandelt wurde, so sollten die Einkünfte aus dem dortigen Tourismus für lokale Entwicklungsprogramme verwendet werden. Die jungen afrikanischen Staaten haben in den sechziger Jahren zahlreiche falsche Modernisierungsvorstellungen aus der Kolonialzeit übernommen. Eine dieser Vorstellungen ist die, daß Landwirtschaft der Vorzug vor Viehzucht einzuräumen sei. Die Regierungen sollten aber erkennen, daß gerade die Rinderherden einen bedeutenden Wert darstellen und daß darum Weideland nicht für und durch den Ackerbau vernichtet werden darf. Es sollten vielmehr alle Anstrengungen unternommen werden, den Viehbestand der Massai qualitativ zu verbessern. Die Rinderherden könnten so zu Milch- und Proteinlieferanten für das ganze Land werden.

Weiterhin benötigen die Massai Unterstützung bei dem Bemühen, aktiv an der modernen Geldwirtschaft teilzunehmen und nicht als Almosenempfänger und Bettler dazustehen. Dies ist nur möglich, wenn die Regierungen dafür sorgen, daß die im Massai-Land erwirtschafteten Erträge zuerst und vor allem den Massai zugute kommen.

Die wenigen Massai mit einer guten Ausbildung sollten nur ein einziges Ziel haben: ihrem Volk zu helfen, den Anschluß an die fortgeschritteneren Teile Kenias und Tansanias zu erreichen. Wir unterscheiden uns vielleicht in der Art, wie wir die Entwicklung unseres Volkes fördern wollen, aber solche Differenzen sollten uns nicht das gemeinsame Ziel, dem wir alle nachstreben, vergessen lassen. Dieses Ziel ist das Gedeihen unseres Volkes. Abschließend sei mir noch folgende Bemerkung gestattet.

Unsere Vorfahren führten das Volk der Massai zu ungeahnter Größe. Seine einstige Macht spiegelt sich sowohl in unseren Legenden als auch in der Ausdehnung unseres Landes. Mit glitzernden Speerspitzen und mächtigen Schilden eroberten unsere Krieger das beste Weideland Ostafrikas, den Stolz jedes Hirten. Sie erreichten viel, und wir verehren sie deshalb. Heute sind die edlen Massai zutiefst gedemütigt, und sie müssen in bitterer Not leben. Wir dürfen uns aber nicht mit dem Unglück und dem Niedergang unseres Volkes abfinden. Wir müssen uns der veränderten Lage anpassen, um zu überleben. Ich unterschätze nicht die kommenden Herausforderungen, aber wir können ihnen entgegentreten, so wie wir einst *Endikir Ekerio̧,* den sagenhaften Steilhang, und die vielen Hungersnöte und Kriege der Vergangenheit überwinden konnten. Unsere Speerspitzen gleichen heute den Zähnen von Kindern, und es scheint, daß die Weisheit der Älteren nicht länger zählt. Dennoch, wir müssen überleben und dürfen nicht den Weg der zahlreichen Völker gehen, die im Lauf der Geschichte von der Erdoberfläche verschwanden. Wir haben unsere Kultur, unsere Gemeinschaft, unseren Mut, unseren Stolz und die Wahrheit auf unserer Seite. Alles, was wir künftig brauchen, ist Entschlossenheit, und gemeinsam mit den anderen afrikanischen Völkern werden wir nicht nur überleben, sondern uns vermehren und gedeihen.

Danksagung

Wir möchten allen unsere Verbundenheit aussprechen, die uns auf die eine oder andere Weise bei der Entstehung dieses Buches geholfen haben. Besonderer Dank für Unterstützung und Ermutigung gebührt James Ole Sekerot (C.C.M.-Sekretär in *Monduli,* Tansania), Amos Meshuko Ole Pello, Captain Bob Nasser, Sandra Soprani, Moijo Ole Keiwua, Alan Donovan, Cheryl Sönnichsen, Alan Jacobs und unseren Eltern – Lemeikoki Ole Ngiyaa mit seiner stets hilfreichen Familie und Betty und Leo Beckwith.

Folgende Werke waren bei der Erarbeitung des Textes von besonderem Nutzen:

Hollis, (Sir Alfred) Claude: *The Maasai, Their Language and Folklore.* Oxford, Clarendon Press, 1905.

Matthiessen, Peter/Porter, Eliot: *The Tree Where Man Was Born: The African Experience.* New York, Avon Press, 1974.

Mol, Fr. Frans: *Maa. A Dictionary of the Maasai Language and Folklore: English-Maasai.* Nairobi, Marketing and Publishing Ltd., 1978.

Salvadori, Cynthia/Fedders, Andrew: *Maasai.* London, Collins, 1973.

Sankan, S. S.: *The Maasai.* Nairobi, East African Literature Bureau, 1971.

Waldock, Jill: *People of the World – The Maasai of East Africa.* Oxford, Oxford University Press, 1959.

Neben den bereits erwähnten Personen möchten wir allen unseren Freunden unter den Massai danken, die die Photographien dieses Buches ermöglichten:

Naikosiai, Sambeke und Tajewo, den Brüdern des Autors, und seiner Schwester Loiyan;

den Bewohnern von *Olbalbal,* Tansania, vor allem Ole Pesai und seiner Familie;

den Bewohnern von *Loita,* Kenia, vor allem Loomali Ole Koyie und seiner Familie (mit besonderem Dank an Tate und Lontini);

den Familien von Lengetu und Kilusu Ole Naudo aus *Magadi,* Kenia;

Natana Ene Saitolok und Leparan Ole Paswa aus *Lemek,* Kenia;

den Kriegern von *Ewaso Manyatta,* Kenia, mit besonderem Dank an Alaigwanani Pelela Ole Kereya und seinen Bruder Kakombe und an Alaigwanani Makarrot Ole Nkepai;

den Kriegern und ihren Freundinnen aus *Ewasoongidongi,* Kenia, und *Siyabei Manyatta,* Kenia.

Schließlich gilt unserer besonderer Dank Margaret Donovan für die Betreuung des Buches, John Lynch für das Design und vor allem Robert Morton für seine außerordentliche Hilfe und schöpferische Anteilnahme vom ersten Tage an.